Wolfgang Schmidt

Die Marienkirche in Grimmen und ihre neuen Buntglasfenster

Ludwig

Bibliografische Information der Deutschen Nationalbibliothek
Die Deutsche Nationalbibliothek verzeichnet diese Publikation in der Deutschen Nationalbibliografie; detaillierte bibliografische Daten sind im Internet über https://portal.dnb.de abrufbar.

Holtenauer Straße 141
24118 Kiel
Tel.: 0431-85464
Fax: 0431-8058305
info@verlag-ludwig.de
www.verlag-ludwig.de

Satz & Layout: Daniela Zietlow

Gedruckt auf säurefreiem und alterungsbeständigem Papier
Printed in Germany

ISBN 978-3-86935-469-9

VORWORT

Über die Grimmer Marienkirche ist in den letzten Jahren ausführlich geforscht worden. Autoren wie Norbert Buske, Birgit Dahlenburg, Jürgen Herold, Haik Thomas Porada, Torsten Rütz und Dirk Schleinert haben ehrenamtlich Aufsätze zur Bau-, Kirchen- und Kunstgeschichte geschrieben, welche in der Publikation »Die Marienkirche Grimmen und ihre Gemeinde« erschienen sind. Dort ist alles Wesentliche nach wissenschaftlichen Standards über die Marienkirche geschrieben worden.

Dennoch habe ich mich entschieden, zusätzlich einen kleinen Band über die Grimmer Marienkirche herauszugeben. Zum einen, weil die Beiträge in der oben benannten Publikation sehr umfangreich sind und zum anderen, weil diese sehr kompakt und recht schwer ist. Es braucht für die Besucher der Grimmer Marienkirche ein handbares Buch mit den wichtigsten Informationen, welches mit nach Hause genommen werden kann. Und natürlich hat es seit Erscheinen der oben benannten Publikation bauliche Veränderungen in größerem Umfang in der Marienkirche gegeben, welches die Herausgabe dieses Buches rechtfertigt. All diese haben hier Aufnahme gefunden, nicht zuletzt die beeindruckenden neuen Kunstglasfenster, die das Erscheinungsbild und die Atmosphäre der Grimmer Marienkirche grundlegend verändert haben.

Ich habe aus den wertvollen Beiträgen der oben benannten Autoren, das Wesentliche übernommen und aus meiner Perspektive als langjähriger Gemeindepastor von Grimmen Neues hinzugefügt. Der Band ist klar strukturiert und soll als ein Führer durch die Grimmer Marienkirche verstanden werden. Da, wo Interesse geweckt wird, hat der Leser die Möglichkeit, in den Aufsätzen der genannten Autoren weitere Informationen zu erhalten.

Als ältestes und beeindruckendstes Bauwerk der Stadt Grimmen hat die Marienkirche in ihrer 750-jährigen Geschichte eine Vielzahl an baulichen Veränderungen erfahren. Dennoch ist die Grundstruktur mit dem unveränderten mittelalterlichen Kirchenschiff erhalten geblieben. Über all die Jahrhunderte haben unzählig viele Menschen diese Kirche aufgesucht und Geistliche ihren Dienst getan. Schön ist, dass mit dem Weihwasserbecken in der Turmhalle und der Grabplatte eines katholischen Priesters im Chorumgang sichtbare Spuren aus der vorreformatorischen Zeit in der Marienkirche erhalten geblieben sind. In ökumenischer Verbundenheit sich von Gott und seinem Wort ansprechen zu lassen und den Glauben zu leben, wird auch die Herausforderung der kommenden Jahrzehnte für Kirche sein. Möge Gott es schenken, dass dies in der Grimmer Marienkirche geschehen kann und diese tagsüber geöffnet bleibt – als ein Ort, an dem jeder herzlich willkommen ist.

Wolfgang Schmidt

INHALT

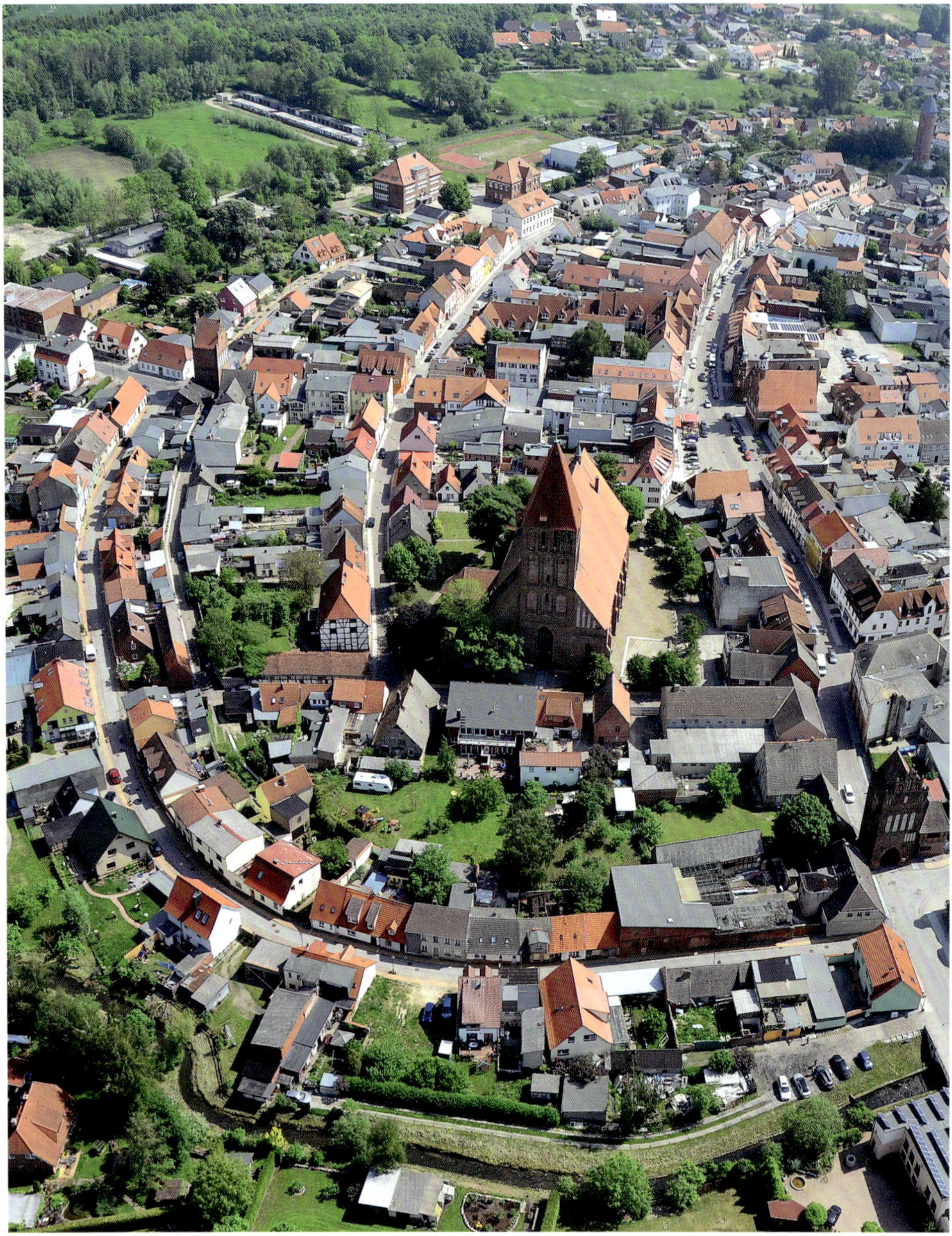

ZUR GESCHICHTE GRIMMENS

Als Vertreter des Fürsten von Rügen kam Vogt Berthold 1287 in das Gebiet der heutigen Stadt Grimmen, was dafür spricht, dass Grimmen zu diesem Zeitpunkt als Stadt galt und das Lübische Stadtrecht erhalten hatte.[1] 1987, zwei Jahre vor der Wiedervereinigung Deutschlands, feierten die Bürgerinnen und Bürger Grimmens dieses Ereignis gebührend mit der 700-Jahrfeier ihrer Stadt. 2012 wurde der Stadtgründung Grimmens vor 725 Jahren mit einem großen Festumzug gedacht.

Der Aus- und Aufbau dieses wenig urbar gemachten Gebiets um die heutige Stadt Grimmen ergab sich durch deutsche Siedler, die seit dem 13. Jahrhundert zur wirtschaftlichen Erschließung des Landes von den slawischen Fürsten herangezogen wurden. Die Klöster des Zisterzienserordens unterstützten die jeweiligen Landesherren tatkräftig beim Landesausbau, vor allem das 1231 gegründete Kloster Neuenkamp, dessen Reste sich heute in der Stadt Franzburg befinden, nur 20 Kilometer von Grimmen entfernt.

Von der zweiten Hälfte des 12. bis in die erste Hälfte des 13. Jahrhunderts wurde die Region um Grimmen förmlich zerrieben, da sowohl die mecklenburgischen als auch die pommerschen Herzöge dieses Gebiet für sich beanspruchten. Diese Auseinandersetzungen endeten erst mit dem Stralsunder Frieden von 1354, in dem die Mecklenburger alle Gebietsansprüche aufgaben, so dass fortan die pommerschen Herzöge Landesherren von Grimmen waren.[2] Einen Hinweis auf diesen Wechsel der Herrschaft bietet unter anderem das Stadtwappen von Grimmen. Es erinnert mit seinem aus einem roten Mauergiebel wachsenden schwarzen Löwen an das Wappen des Fürstentums Rügen, zeigt aber auf

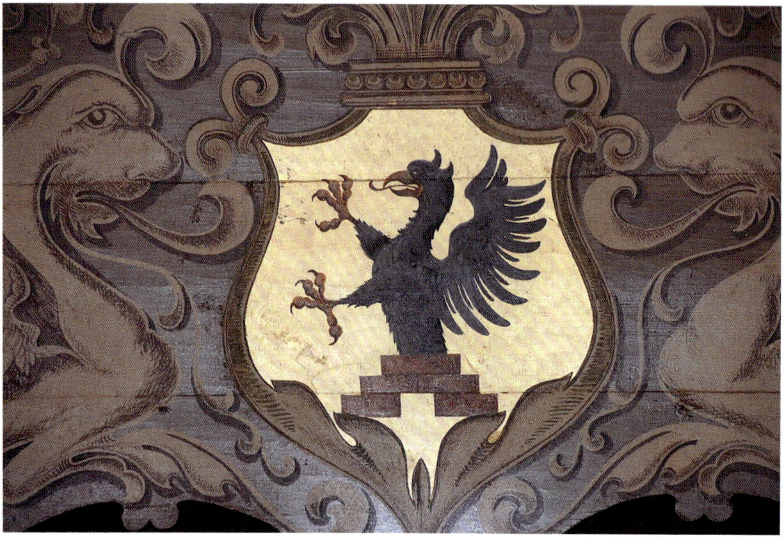

Abb. 1 Stadtwappen auf dem Baldachin des Repräsentantengestühls der Marienkirche in Grimmen

dem Mauergiebel statt des Löwen einen schwarzen wachsenden Greif auf goldenem Grund, den Greifen der pommerschen Teilherrschaft Pommern-Wolgast.[3]

Um dieses Gebiet nun auch kirchlicherseits abzusichern, ließen die jeweiligen pommerschen Bischöfe Kirchen und Kapellen errichten. So entstand in Jessin, Klevenow, Barkow und Kaschow jeweils eine Kapelle, von denen Kaschow und Klevenow als spätere Nachfolgebauten bis heute erhalten sind. All diese sakralen Gebäude wurden damals bewusst südlich und östlich von Grimmen errichtet, um die Grenze zum sich unmittelbar anschließenden Bistum Mecklenburg zu sichern.

Zu Beginn der 1520er Jahre führte die Lehre des Reformators Martin Luther auch in Pommern zu Unruhen. Als sich die Auseinandersetzungen in Pommern weiter zuspitzten, ergriffen die pommerschen Herzöge 1534 die Initiative und stellten sich an die Spitze der reformatorischen Bewegung. Im Januar 1536 wurde in

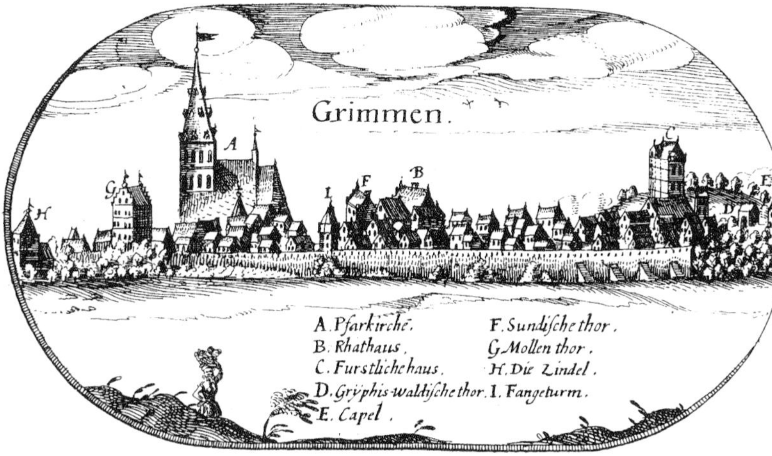

Abb. 2 Stadt Grimmen um 1610, entnommen der Lubinschen Karte

der herzoglichen Residenz in Wolgast für Grimmen ein erster Visitationsrezess ausgefertigt. Seitdem gehört Grimmen zur Pommerschen Kirche. Es wird davon ausgegangen, dass der Stralsunder Pfarrer Gregorius Zepelin die erste evangelische Predigt in Grimmen gehalten hat.

Mit dem Dreißigjährigen Krieg folgte auch für Grimmen eine Zeit schlimmer Verwüstungen. Eine Rückkehr in ein geordnetes Leben war nicht möglich, da kurze Zeit später weitere Kriege geführt wurden. Der schwedische König behauptete aber sowohl im Schwedisch-Brandenburgischen Krieg als auch im Nordischen Krieg die von ihm erworbenen pommerschen Gebiete, wozu auch Grimmen gehörte, so dass Grimmen ab 1637 für fast zwei Jahrhunderte zum Königreich Schweden gehörte.

Der Napoleonische Krieg führte zu einem erneuten Einschnitt für das kirchliche Leben in Grimmen. Mit der im Jahr 1807 erfolgten Besetzung Grimmens durch französische Truppen musste die Marienkirche als Heu- und Strohmagazin zur Verfügung gestellt werden. Die sich daran anschließenden Befreiungskriege führten dazu, dass es unter der Vorherrschaft Preußens 1815 nach dem Wiener Kongress zur Wiedervereinigung Pommerns kommen konnte. In Folge dieser entstand die Evangelische Kirche in den Königlich-Preußischen Landen mit neun Kirchenprovinzen, von denen Pommern eine darstellte.

Mit dem Zweiten Weltkrieg verlor Pommern große Teile seiner Gebiete, was eine politische und kirchliche Neuordnung erforderlich machte. Politisch wurde Grimmen dem Bezirk Rostock in Mecklenburg zugeordnet, wo es bis dato geschichtlich nur wenige Verbindungen gegeben hatte, kirchlich zu der neu gegründeten Pommerschen Evangelischen Kirche mit Sitz in Greifswald.

Seit 2012 gehört Grimmen zur Evangelisch-Lutherischen Kirche in Norddeutschland. Der Sitz des Landeskirchenamtes befindet sich in Kiel.

Kirchen und Kapellen in und vor der Stadt Grimmen

Im Mittelalter wurde eine Vielzahl an Kirchen und Kapellen in und vor der Stadt Grimmen errichtet. Neben der Hauptkirche der Stadt, der **Marienkirche**, gab es eine weitere **Kirche, Heilgeist**, welche sich zusammen mit einem Hospital innerhalb der Stadtmauern in der Leichnamstraße befand.

Vor der Stadt Grimmen existierten im 15. Jahrhundert die **Kapelle St. Gertrud** östlich vor dem Greifswalder Tor, die **Kapelle St. Jacob** südwestlich vor dem Tribseeser Tor und die **Kapelle zu den täglichen Marienzeiten** nördlich in der Nähe des Stralsunder Tores.[4] Anstelle der Heilgeist-Kirche wird ab dem 15. Jahrhundert die **Fronleichnamskapelle** erwähnt. An die Marienkirche wurden im selben Jahrhundert die **Agneskapelle** und die **Mauritiuskapelle** angebaut, wovon nur noch die letztere erhalten ist.

Somit hatte Grimmen zu dieser Zeit zwei Kirchen und fünf Kapellen,[5] in denen sich eine Vielzahl an Altären befand und wo

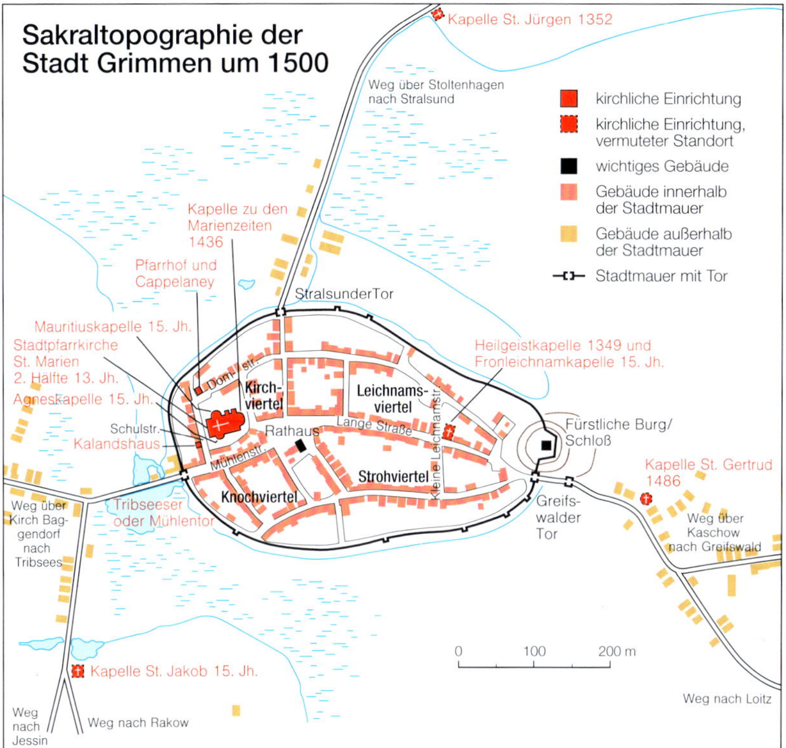

In der Pfarrkirche St. Marien
Altar der Jungfrau Maria als Hauptaltar
Marienzeitenkapelle
Altar der Heiligen Katharina
Altar der Heiligen Peter und Paul
Altar des Heiligen Erasmus
Altar zum Heiligen Kreuz vor dem Chor
Benefizium der Heiligen Anna

Der Pfarrkirche wahrscheinlich zuzuordnen
Altar des Heiligen Andreas
Altar der Heiligen Margarethe
Altar des Heiligen Johannes
Altar der Heiligen Dorothea
Altar der Schuster
Benefizium der Heiligen Elisabeth
Benefizium der Heiligen Apostel
Benefizium der Heiligen Dreifaltigkeit
Benefizium der Kreuzwegstationen
Benefizium vom Rosenkranz

In der Kapelle St. Mauritius, vermutlich identisch mit der „Grusenkapelle an der Pfarrkirche"
Altar des Heiligen Mauritius
Altar des Rorate

In der Kapelle St. Annen
Altar des Heiligen Hulpe

In der Fronleichnamskapelle
Hoher Altar
Altar der Heiligen Gertrud
Altar der Jungfrau Maria
Benefizium zur Orgel

Der Heilgeistkapelle wahrscheinlich zuzuordnen
Benefizium zum Heiligen Geist

Der Kapelle St. Jürgen wahrscheinlich zuzuordnen
Altar des Heiligen Georg

Der Kapelle St. Gertrud wahrscheinlich zuzuordnen
Altar der Heiligen Gertrud

In der Kapelle St. Jakob
Altar der Heiligen Jakob und Andreas

Die dargestellte Topographie basiert auf den Karten aus dem schwedischen Militäratlas von 1760 (Berliner und Stockholmer Exemplar).

IfL 2015
Inhalt: B. Büttner, N. Buske, H. Porada
Kartografie: C. Kunze, B. Hölzel

Abb. 3 Karte – Sakraltopographie der Stadt Grimmen um 1500

etliche Geistliche ihren Dienst taten. Davon ist heute lediglich noch die Marienkirche mit der nördlich angefügten Mauritiuskapelle erhalten, auch wenn diese etliche Umbauten erfahren hat.

Zur Baugeschichte der Marienkirche

In der zweiten Hälfte des 13. Jahrhunderts wurde mit dem Bau der Grimmer Marienkirche begonnen. Es ist durchaus möglich, dass dieser Bau bereits im Jahr 1267 als fünfjochige Hallenkirche fertiggestellt worden ist, da Bischof Hermann von Schwerin in diesem Jahr eine Urkunde in Grimmen ausstellte. Somit hatte Grimmen noch vor der Stadtgründung eine im Zentrum liegende Pfarrkirche. Die erhalten gebliebene Kalkstein-Fünte aus dem 13. Jahrhundert könnte noch aus dem Vorgängerbau stammen. Im 14. Jahrhundert übernahmen die pommerschen Herzöge das landesherrliche Patronat, traten es aber bereits 1455 an die neu gegründete Greifswalder Universität wieder ab, die fast 500 Jahre das Patronatsrecht für die Marienkirche ausübte und stets den ersten Pfarrer für Grimmen stellte.

Im letzten Viertel des 14. Jahrhunderts kam es zu baulichen Veränderungen an der Marienkirche, im Zuge derer auch ein Choranbau erfolgte. Dieser stellte sich aber schon bald als zu klein heraus, so dass im 15. Jahrhundert an seiner Stelle bereits ein Hallenumgangschor errichtet wurde, welcher ausschließlich aus Ziegeln besteht[6] und bis heute Bestandteil der Marienkirche ist. In den Augen der Grimmer Bürger wurde die Kirche nun zu einem »Dom«. Dieser Stolz schlug sich in der Namensgebung für die an der Kirche vorbei zum Pfarrhaus führende »Domstraße« nieder.

Um 1400 wurde mit dem Bau eines Turmes begonnen, der im Westen an das Kirchenschiff angefügt wurde. Der Eingang zur Kirche erfolgte fortan über den Turmraum, von wo man nun zum hohen Chor gelangte. Das große Südportal stand aber weiterhin

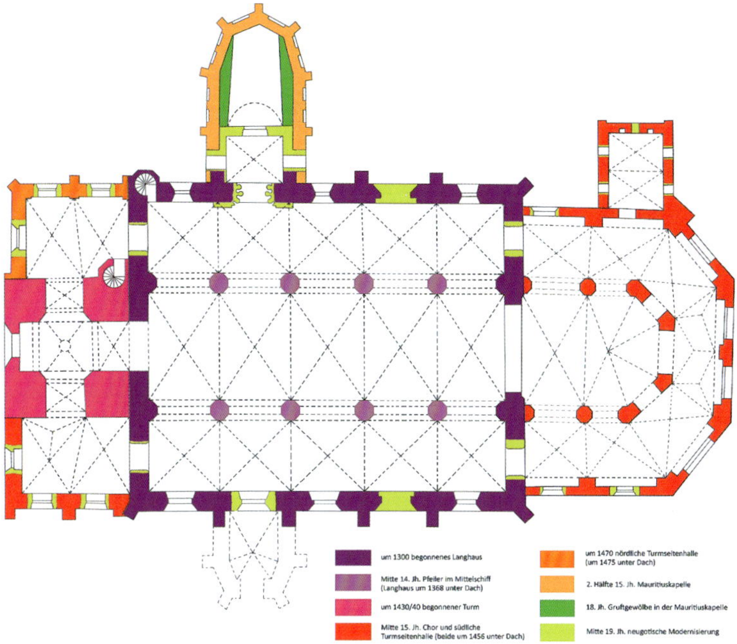

Abb. 4 Baualtersplan für die Marienkirche Grimmen

zusätzlich als Eingang zur Verfügung, durch welches nun – vom Markt her kommend – die Bürgermeister und die Ratsherren die Kirche betraten.

Wie bereits erwähnt, wurden im 15. Jahrhundert zwei Kapellen an die Marienkirche angebaut, die Agneskapelle an der Südseite, die Mauritiuskapelle an der Nordseite. Letztere wurde 1615 dem auf der Burg Klevenow lebenden und der Kirche sehr wohlgesonnenen Albrecht von Wakenitz[7] als Erbbegräbnis überlassen. Dazu ließ er die nördlichen Fensteröffnungen zumauern und die so entstandenen Wandflächen und Blendnischen mit Inschriften in roter Farbe versehen. In der Folgezeit erfuhr die Kapelle weitere Umbauten. Im 18. Jahrhundert erfolgte der Einbau

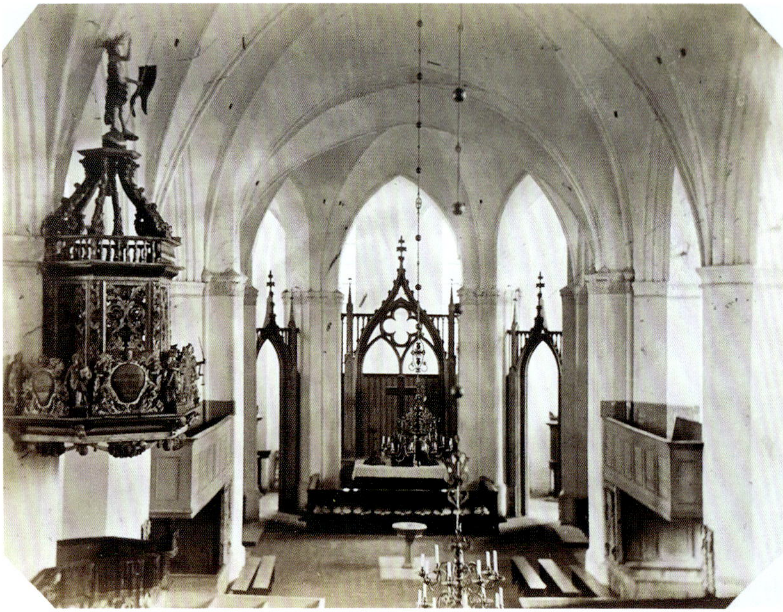

Abb. 5 Chorraum der Grimmer Marienkirche um 1895 anhand einer Fotografie von Christian Beerbohm

eines niedrigen Gewölbes. Die Agneskapelle hingegen wurde im 19. Jahrhundert bereits wieder abgebrochen.

Nachdem Grimmen mit der Reformation evangelisch geworden war, kam es zu einer weiteren Umgestaltung der Kirche, da Platz für eine Kanzel geschaffen werden musste. Diese wurde erforderlich, weil nun die Predigt zum wichtigsten und unverzichtbarsten Bestandteil der Gottesdienste geworden war. Wann eine erste Kanzel in der Grimmer Marienkirche eingebaut wurde, ist nicht dokumentiert, lediglich deren Zerstörung im Dreißigjährigen Krieg.[8] An ihrer Stelle wurde 1707 eine neue, in einer Stralsunder Werkstatt angefertigte Kanzel errichtet und am dritten Pfeiler an der Nordseite der Kirche angebracht. Im Jahr 1837 wurde sie an den vierten Pfeiler umgesetzt, um 1895 an ihrem heutigen Standort, den sechsten Pfeiler am Übergang zum Chor

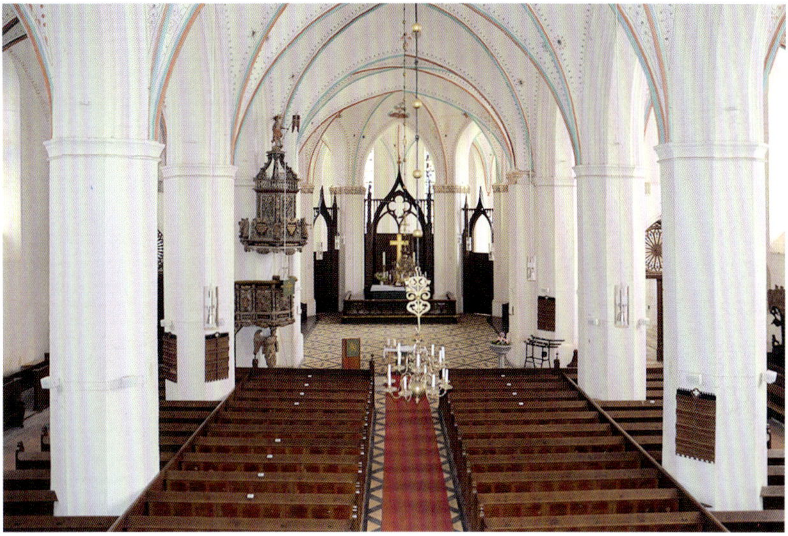

Abb. 6   Das Innere der Marienkirche Richtung Westen

der Kirche, angebracht zu werden. Aus der ursprünglichen Stellung der Kanzel lässt sich der Hinweis ableiten, dass der Chor vermutlich noch im 18. Jahrhundert durch einen Lettner vom Kirchenschiff abgetrennt gewesen ist.

In der zweiten Hälfte des 19. Jahrhunderts erfolgte im Inneren der Marienkirche eine umfassende Umgestaltung. Das Kirchenschiff erhielt eine vollständige neogotische Ausstattung. In diesem Zuge wurde das alte Kastengestühl entfernt und mit einem neuen, einheitlichen Gestühl ersetzt. Lediglich in den Seitenschiffen blieben Reste des älteren Gestühls erhalten. Auch der Chorraum erhielt mit der neu errichteten Chorschrankenwand eine wesentliche Veränderung. Abschließend wurde die Neugestaltung eines Altars in Auftrag gegeben und dieser im Jahr 1861 als Abgrenzung zum Chorumgang in der Kirche aufgestellt. Diese umfassenden Renovierungsarbeiten erfolgten in der Verantwortung von Carl Wilhelm Johannes Bindemann, der über drei Jahrzehnte als Superintendent in Grimmen tätig war.

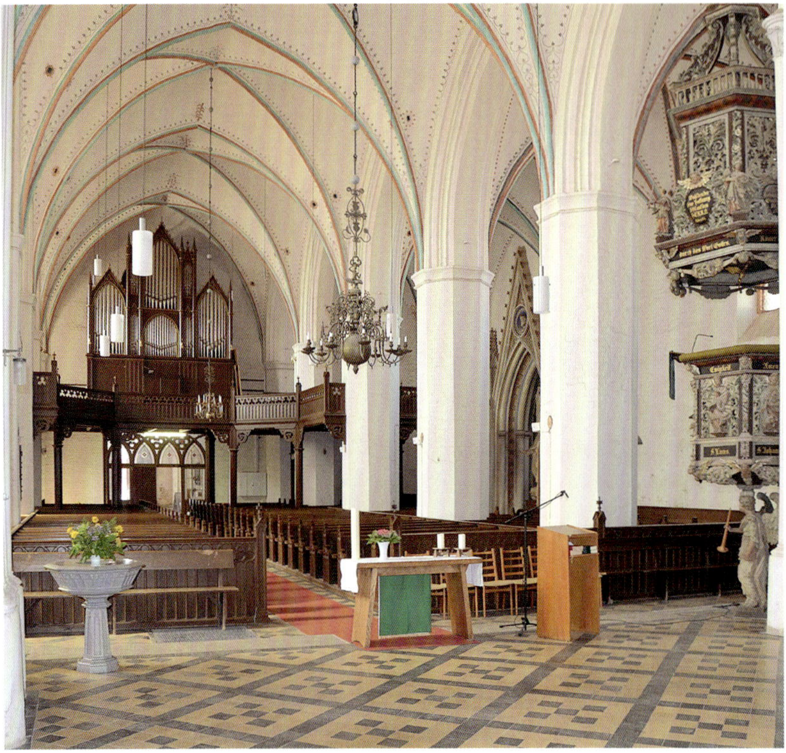

Abb. 7 Das Innere der Marienkirche Richtung Osten

Die Neugestaltung der Marienkirche mit Kunstglasfenstern schließen zumindest vorerst eine weitere weitreichende Veränderung im Inneren ab, welche in meiner Verantwortung erfolgte. Diese wurden vom Glasmaler und Künstler Thomas Kuzio[9] entworfen, der in Vorpommern lebt.

DIE MARIENKIRCHE – EIN RUNDGANG

Turmhalle

Beim Betreten der Kirche durch das Westportal in die Turmhalle kommt man nicht umhin, über **mittelalterliche Grabplatten** zu gehen, die an in der Marienkirche bestattete Personen erinnern. Einige Platten sind in Gänze erhalten und die Inschriften[10] sind gut zu entziffern, andere wiederum wurden in Einzelteile zertrennt, um diese bei vorgenommenen Umbauarbeiten in der Kirche in anderer Form – wie für Stufen – wieder verwenden zu können.

Eine große **Glasspiegelwand** im Inneren der Turmhalle – gegenüber von dem Westportalfenster – wurde 2022 in meiner

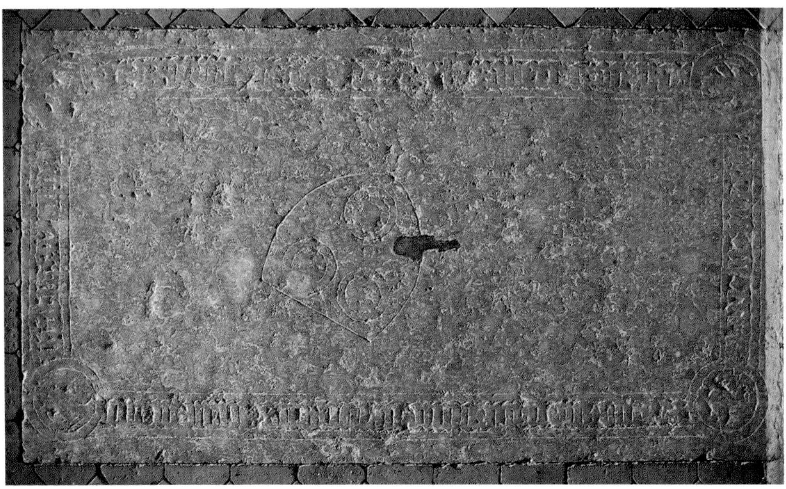

Abb. 8 Mittelalterliche Grabplatte, Grabplatte für Henning Stuve

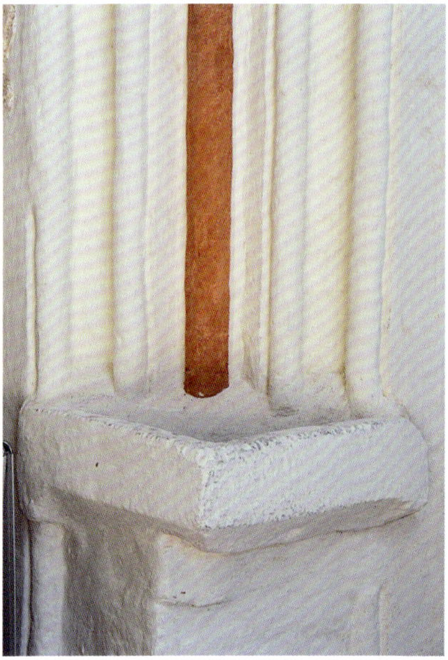

Abb. 9 Mittelalterliches Weihwasserbecken in der Turmhalle

Verantwortung installiert. Diese präsentiert seitdem das neu gestaltete Westportalfenster in all seinen bunten Farben. Zusätzlich werden darin Teile der Turmhalle gespiegelt, so dass der Raum perspektivisch an Tiefe und Weite gewonnen hat und zwar in der Form, wie dieser sich bis zum Einbau der Orgelempore mit der dazugehörenden Trennwand präsentiert hat. Man schritt früher durch eine hohe Turmhalle mit doppeltem Tonnengewölbe in das Kirchenschiff hinein.

Auf der rechten Seite befindet sich – in einen Pfeiler eingefügt – ein großes, aus Granit gehauenes **mittelalterliches Weihwasserbecken.** Hier haben sich Christen über Jahrhunderte an ihre Taufe erinnert, indem sie das geweihte Wasser benutzt haben, um mit ihren Fingern das Zeichen des Kreuzes an ihre Stirn zu machen.

Direkt daneben befindet sich an der Südwand vorm Betreten des Kirchenschiffes zwei große **Steinepitaphien,** auf dem Claus von Schwerin und Barbara von der Osten abgebildet sind. Dieses weist auf eine Grablege hin, welche sich in Form einer Famili-

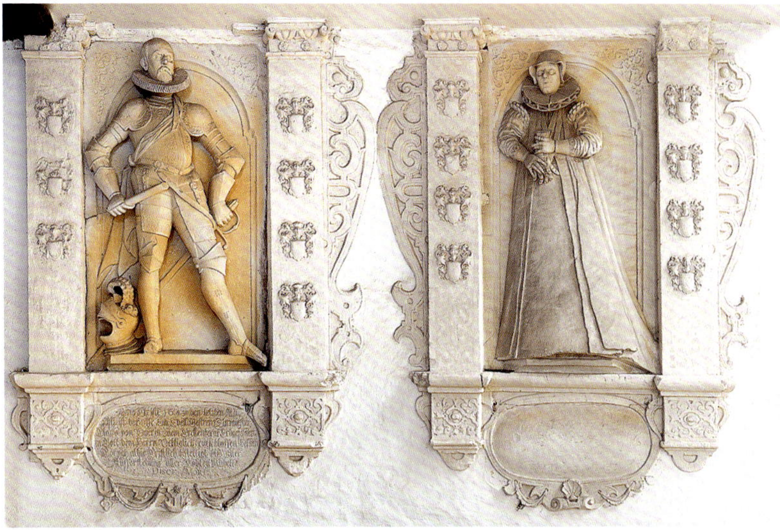

Abb. 10 Epitaph Claus von Schwerin und Barbara von der Osten

enbegräbnisstätte in der Turmhalle befindet. In qualitätsvoller Renaissancearbeit sind die Verstorbenen als ganzfigurige Reliefs dargestellt. Beide Epitaphien erden einem Vilmnitzer Meister zugeschrieben und zeigen denselben Aufbau: Zwischen zwei auf flachen Konsolen ruhenden Pilastern sind die Verstorbenen dargestellt. Claus von Schwerin in Rüstung, Barbara von der Osten in einem bodenlangen Gewand. Auf den Pilastern sind untereinander je vier plastisch hervortretende Vollwappen angebracht.

Auf der Inschrift des Epitaphs für Claus von Schwerin steht geschrieben: *»Anno Christi 1603 den letzten Augusti ist der Węland Edell Gestreng Ehrnuester Claws von Swerin zuem Grellenbergk Erbgesessen in Gott dem Herrn Sehliglich entschlaffen dessen Corper alhie Cristlich bestettigt biss zuer Aufferstehung aller Todten Ruhett DISCE MORI«*.

Claus von Schwerin empfing die Grellenbergschen Lehen nach dem Tod seines Vaters im Jahr 1568 zusammen mit seinem Bruder Joachim. Am 15. April 1578 vermählte er sich in Grellenberg

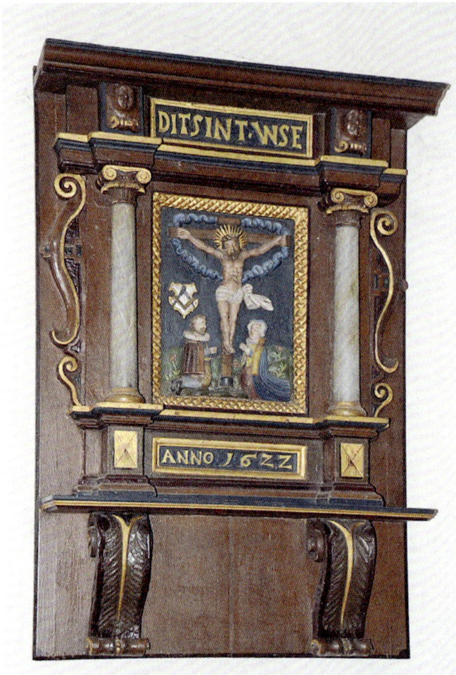

Abb. 11 Bildtafel – Gekreuzigter Christus aus einer Gestühlsrückwand 1622

mit Barbara von der Osten. Er starb am 31. August 1603, seine Frau Barbara am 21. Januar 1617.

Direkt gegenüber befindet sich an der Nordwand eine geschnitzte und farbig gefasste **Bildtafel,** welche aus einer Gestühlsrückwand aus dem 17. Jahrhundert stammt. Das Gestühl wurde wegen der Umgestaltung des Kirchenraumes um die Mitte des 19. Jahrhunderts zerlegt. Zwei dieser Tafeln blieben glücklicherweise erhalten. Diese, auf der der Gekreuzigte Jesus Christus dargestellt ist, und eine weitere, auf der ein Engel zu sehen ist, der Maria die Geburt ihres Sohnes ankündigt. Die zweite wurde auf der Vorderseite des neogotischen Zwischenaltars eingebaut, welcher sich im Chorumgang befindet. Beide dieser sehr schön gestalteten Verkündigungstafeln werden auf das Jahr 1622 datiert.

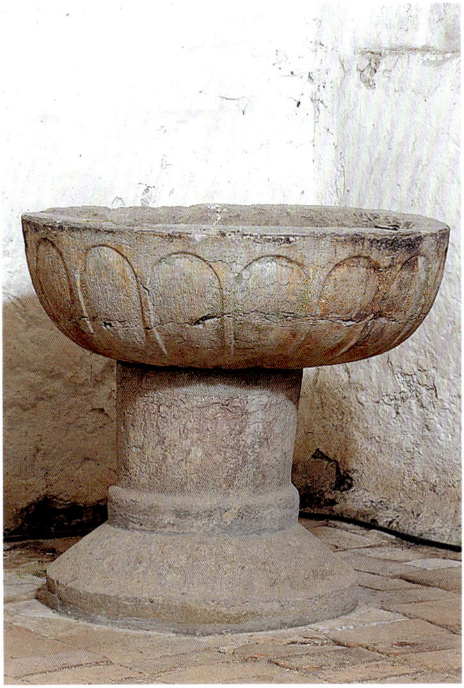

Abb. 12 Kalkstein-Fünte – Taufstein aus dem 13. Jahrhundert

An der Nordseitenwand der Turmhalle wurde die wahrscheinlich aus dem Vorgängerbau erhalten gebliebene **Kalkstein-Fünte** aufgestellt. Der mit rundbogigen Arkaden versehende Taufstein stammt aus der zweiten Hälfte des 13. Jahrhunderts und hätte einen besseren Platz in der Kirche verdient.

Ganz in der Nähe des Taufsteines befinden sich weitere Utensilien, die vor Jahrhunderten große Bedeutung für den Vollzug des kirchlichen Lebens in Grimmen hatten: Zum einen handelt es sich um einen **Kasten** aus dem 16. Jahrhundert, an dem man Eisenbänder erkennen kann. Hier waren früher Schlösser davorgesetzt, um die Einkünfte zu sichern, die in den Hospital- und Wegekapellen in Form von Spenden gegeben wurden. Diese waren als Fürsorge für die Armen bestimmt. Zum anderen handelt es sich um ein Sakramentshaus, ein **Tabernakel,** der zum Inventar

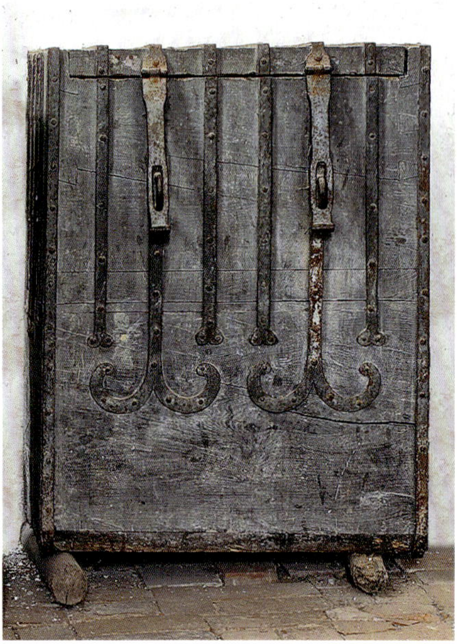

Abb. 13 Kasten aus dem 16. Jahrhundert

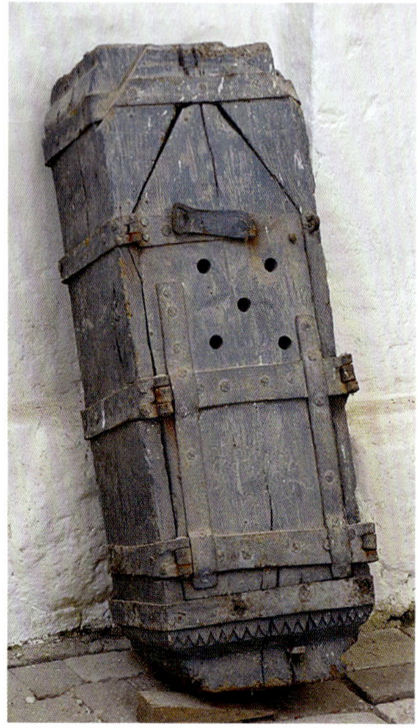

Abb. 14 Mittelalterliches Tabernakel

der Marienkirche Stoltenhagen gehört. Hier wurden die nach der Eucharistiefeier übriggebliebenen Hostien aufbewahrt.

In einer Glasvitrine – links beim Betreten der Turmhalle – werden mehrere **Grabfliesen aus Keramik** aufbewahrt. Diese wurden früher zur Grababdeckung verwendet.[11] Die Platten könnten beim Abriss des Beichtstuhls im südöstlichen Bereich des Chorumgangs im Unterboden gefunden worden sein. Weiterhin befindet sich in der Vitrine ein **Ziegelstein** mit Inschrift, der erheblich beschädigt ist und ebenfalls zur Abdeckung eines Grabes gedient hat.

Im oberen Turmbereich befindet sich der Glockenstuhl mit vier bronzenen **Glocken,** die die Gemeinde bis heute zum Gottesdienst rufen. Zwei davon stammen aus dem späten Mittelalter und werden auf das Jahr 1458 datiert, die dritte auf das Jahr 1620,

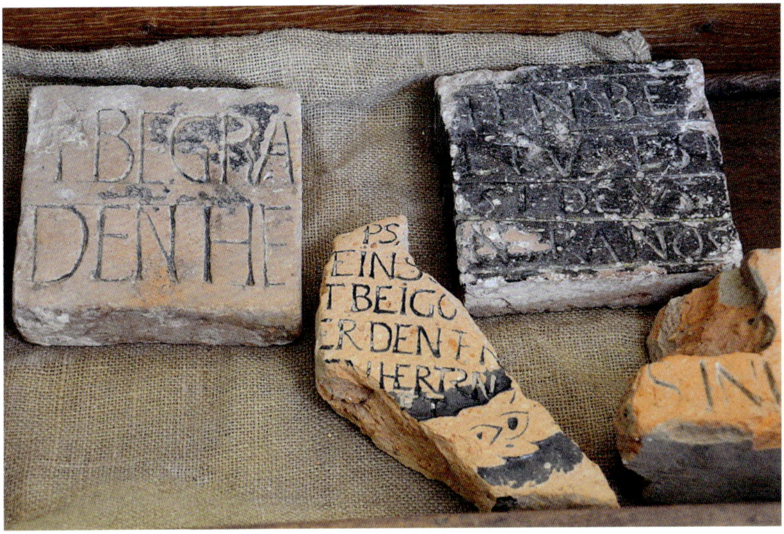

Abb. 15 Grabfliesen aus Keramik

die vierte auf das Jahr 1796. Letztere beiden wurden von Gottlieb Metzler in Stralsund gegossen. Zur Herstellung der zuletzt genannten Glocke wurde die große Glocke von 1620 umgegossen.[12] Eine weitere 1651 gegossene Glocke lagert auf dem Dachreiter, nachdem diese 1840 herabgefallen ist und dabei beschädigt wurde.

Folgende Inschriften befinden sich auf den Glocken:

Auf der **ersten** Glocke, mit einer Höhe von 130 cm und einem Durchmesser von 136 cm: »*O Christus, König der Herrlichkeit, komm mit Frieden. Im Jahr des Herrn 1458*«.

Auf der **zweiten** Glocke, mit einer Höhe von 100 cm und einem Durchmesser von 107 cm: »*O Christus, König der Herrlichkeit, komm mit Frieden. Im Jahr des Herrn 1458. Hilf, Gott und Maria.*«

Auf der **dritten** Glocke mit einer Höhe von 74 cm und einem Durchmesser von 77 cm: »*Ehre sei Gott in der Höhe und auf der Erde Frieden den Menschen guten Willens. Diese Glocke wurde*

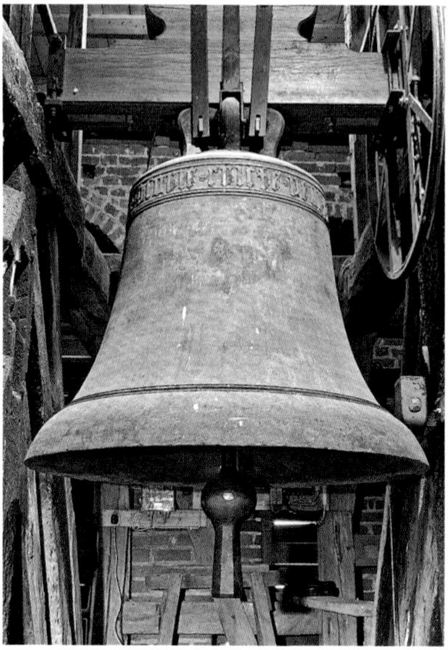

Abb. 16 Glocke, gegossen 1458

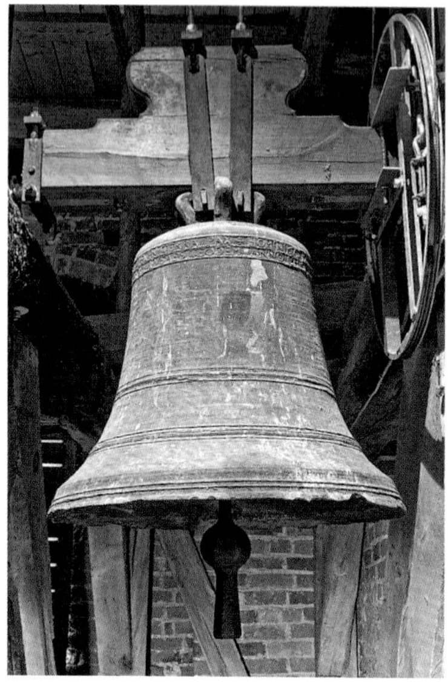

Abb. 17 Glocke, gegossen 1620

(zusammen) mit der großen (Glocke) gegossen im selben Jahr Christi 1620 im Monat Oktober.«

Auf der **vierten** Glocke mit einer Höhe von 140 cm und einem Durchmesser von 148 cm: *»Gottlieb Metzger in Stralsund hat mich gemacht. Gegossen wurde diese Glocke im Jahr 1796, als Gustav (IV.) Adolf König von Schweden und Herzog von Pommern war, unter den Pfarrern der Kirche Philipp Jacob von Balthasar und Carl Friedrich Braun. Unter den Bürgermeistern G. F. U. Grahl, C. L. Bützow, den (Kirchen) Vorstehern Johann Bentzin, E. F. Schulz, H. A. Ahlert, A. Bentzin.«*

Auf der **fünften** und auf dem Dachreiter lagernden Glocke mit einer Höhe von 45 cm und einem Durchmesser von 39 cm: *»M(EISTER) · HANS · KONE · ANNO · 1651«.*

Kirchenschiff

Das **Mittelschiff der Marienkirche** ist 31 Meter lang und 28 Meter breit.[13] Es besteht aus einem fünfjochigen Langhaus und ist der älteste Teil der Kirche. Von der ursprünglichen Inneneinrichtung der Kirche ist leider nichts mehr erhalten. Der Raum wird dominiert von einer **Umgestaltung im neogotischen Stil**, die in der Verantwortung von Superintendent Bindemann im 19. Jahrhundert erfolgt ist. Das betrifft sowohl das Gestühl als auch die Orgelempore, aber genauso die Chorschrankenwand, die fünf großen Türen, welche das Kirchenschiff vom Chorraum und der Turmhalle trennen, sowie den Zwischenaltar, der ein Bindeglied zwischen Chorraum und Kirchenschiff bildet. Die gesamte aus Holz gestaltete Inneneinrichtung wurde mit einer dunkelbraunen Lasur überzogen. Bindemann, der längere Zeit in Greifswald lebte und arbeitete, hatte Kenntnis von der in den 30er Jahren des 19. Jahrhunderts erfolgten neogotischen Umgestaltung des heutigen Greifswalder Domes, welchen er sich als Orientierung

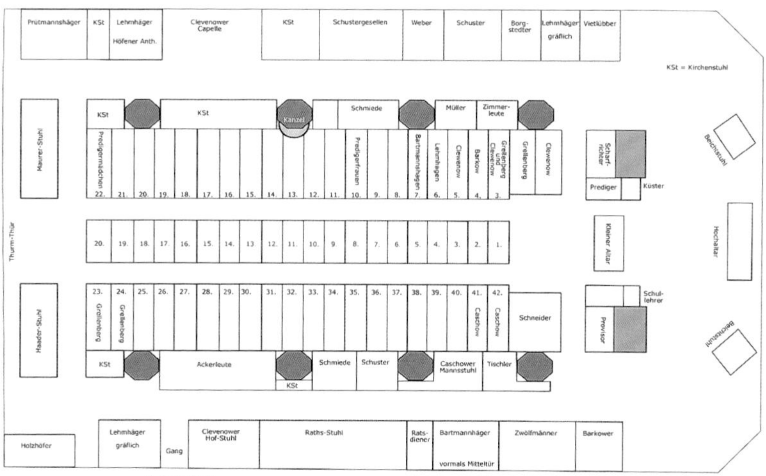

Abb. 18 Die Anordnung der Kirchenstühle im Jahr 1727, nach einem zeitgenössischen Lageplan im Pfarrarchiv Grimmen.

für die Grimmer Marienkirche nahm. Glücklicherweise wurde dort aber auf die braune Lasur verzichtet, die den Innenraum der Grimmer Marienkirche schwer und dunkel macht. Die ausgesprochen umfangreiche Sanierung im Inneren der Kirche fand mit der Einweihung im Jahr 1861 ihren Abschluss.

Orgel

Auf der eben erwähnten Orgelempore befindet sich ein **26 Register umfassendes Orgelwerk,** welche von der Mitteldeutschen Orgelbaufirma A. Voigt GmbH aus Bad Liebenwerda erbaut wurde. Im Herbst 1992 konnte die Orgel eingeweiht werden.

Vor dem Einbau dieses noch recht jungen Instrumentes befanden sich **drei weitere Orgeln** an dieser Stelle. Bereits im ausgehenden Mittelalter befand sich eine Orgel in der Marienkirche, was einer Notiz des 1536 ausgefertigten und bereits erwähnten Visitationsprotokolls zu entnehmen ist. Dieses Instrument wurde 1750–1751 von dem aus Danzig stammenden Orgelbauer Christian Held repariert. Für das Jahr 1597 gibt es Hinweise auf die Errichtung einer neuen Orgel.[14] Im Jahr 1829 wurde diese allerdings bereits wieder abgebaut, um Platz für eine neue, 28 Register umfassende Orgel zu schaffen, welche vom Berliner Orgelbauer Carl August Buchholz errichtet wurde.[15] Buchholz stattete damals zahlreiche Kirchen in Vorpommern mit neuen Orgeln aus, unter anderem die zur Kirchengemeinde Grimmen gehörende Marienkirche in Stoltenhagen. Dort konnte das Instrument allerdings vollständig erhalten werden und kommt noch heute zum Klingen. In Grimmen traf man eine andere Entscheidung, auch wenn zumindest das Prospekt der einstigen Buchholz-Orgel erhalten wurde, in welches die Voigt-Orgel dann eingefügt wurde.[16]

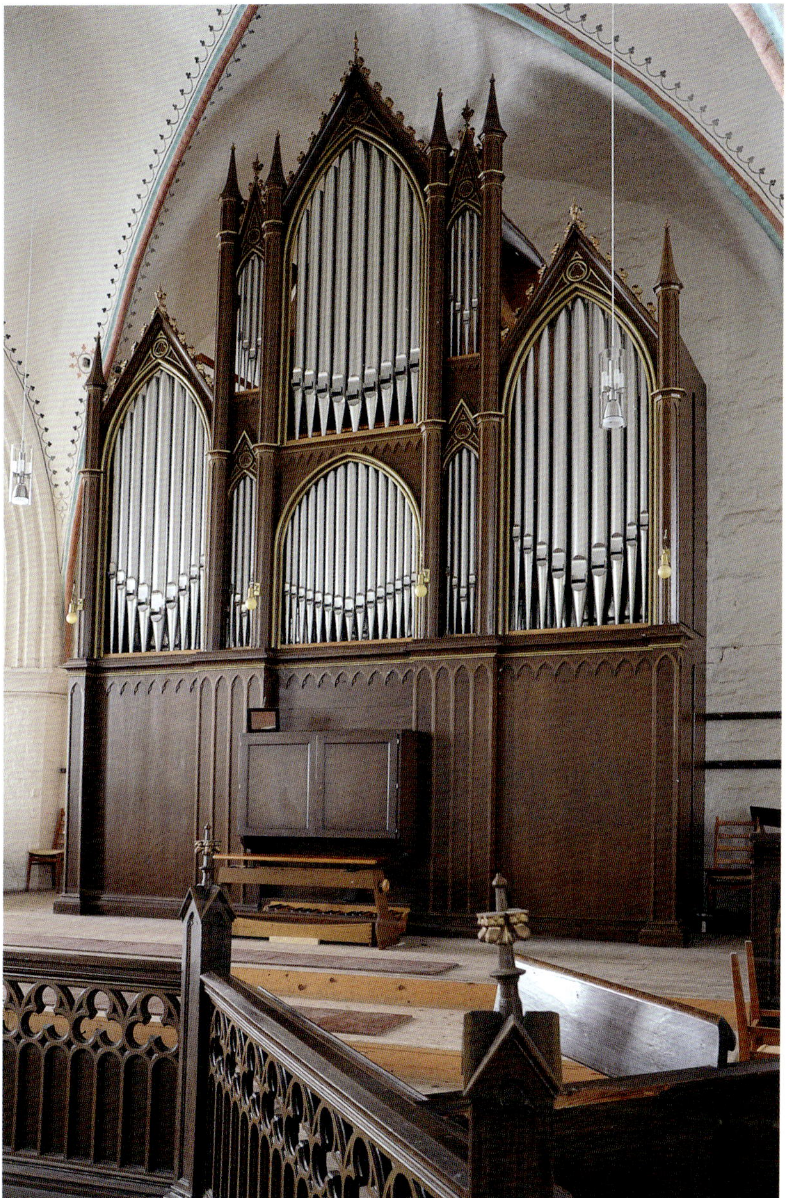

Abb. 19 Voigt-Orgel mit Prospekt der alten Buchholz-Orgel

Das Gestühl der Kirche

Nach den Ratsherren, die ihr Gestühl nach einer Inschrift 1590 erweitern ließen, errichteten nach der Reformation auch der nach Grimmen eingepfarrte Landadel sowie bereits 1586 die Zünfte und Gewerke ihr eigenes Gestühl. Stellung und Ausgestaltung spiegelten die gesellschaftliche Schichtung des jeweiligen Gemeinwesens wider.

Erhalten geblieben von dem älteren Gestühl ist das inzwischen mehrfach veränderte **Repräsentantengestühl**, das **Ratsdienergestühl** und ein **Ratsgestühl für die Bürgerschaft**, erkennbar an den beiden Stadtwappen, auch wenn das erstere im oberen Teil eine neogotische Umgestaltung erfuhr. Aber auch Reste von einem altem **Zunftgestühl** blieben erhalten, ebenso das **Gestühl der Patronatsherren von Klevenow**. All diese befinden sich im südlichen Seitenschiff. Das **Gestühl der Schneider** dagegen befindet sich im nördlichen Seitenschiff.

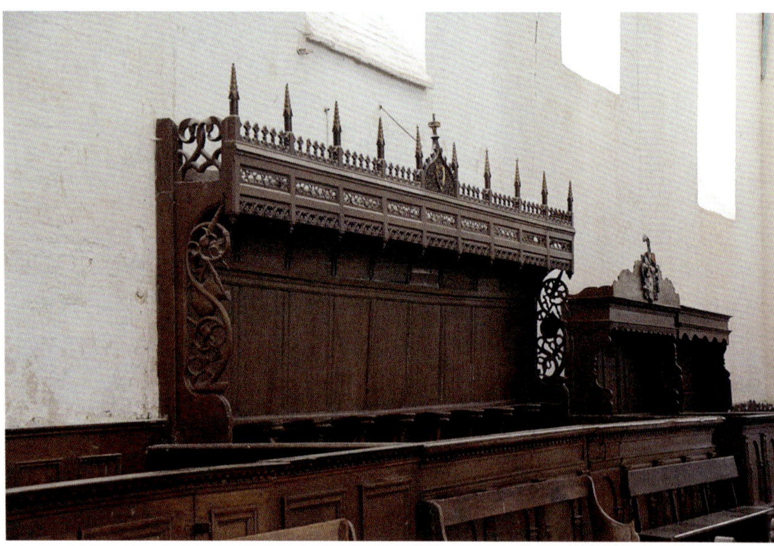

Abb. 20 Ratsgestühl im südlichen Seitenschiff

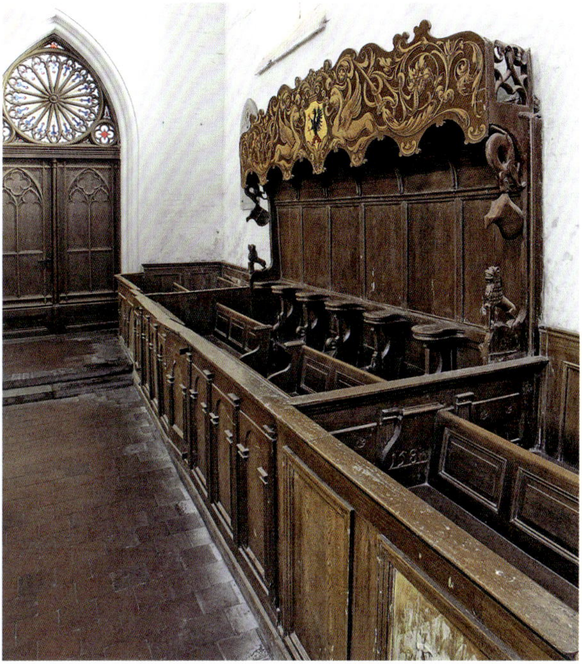

Abb. 21 Repräsentantengestühl

Repräsentantengestühl

Das Repräsentantengestühl wurde im 15. Jahrhundert gestaltet und mehrfach verändert. 1590 wurde dieses erweitert, 1895 letztmalig umgestaltet.

An den vier Wangen des Gestühls finden sich ausgesprochen schön geschnitzte **Darstellungen von vier Tieren:** Die **Schlange** steht dabei als Symbol für den Teufel und als Hinweis für Sünde und Laster. Die **Katze** symbolisiert die Untugend »Faulheit«, das **Eichhörnchen** die Untugend »Geiz« und der **Affe** die Untugend der »Unbeständigkeit«. Sie alle sollten einst als Warnung dienen, das Leben nicht in unrechter Weise zu führen. Im oberen Bereich des Gestühls befindet sich das **Wappen** der Stadt Grimmen.

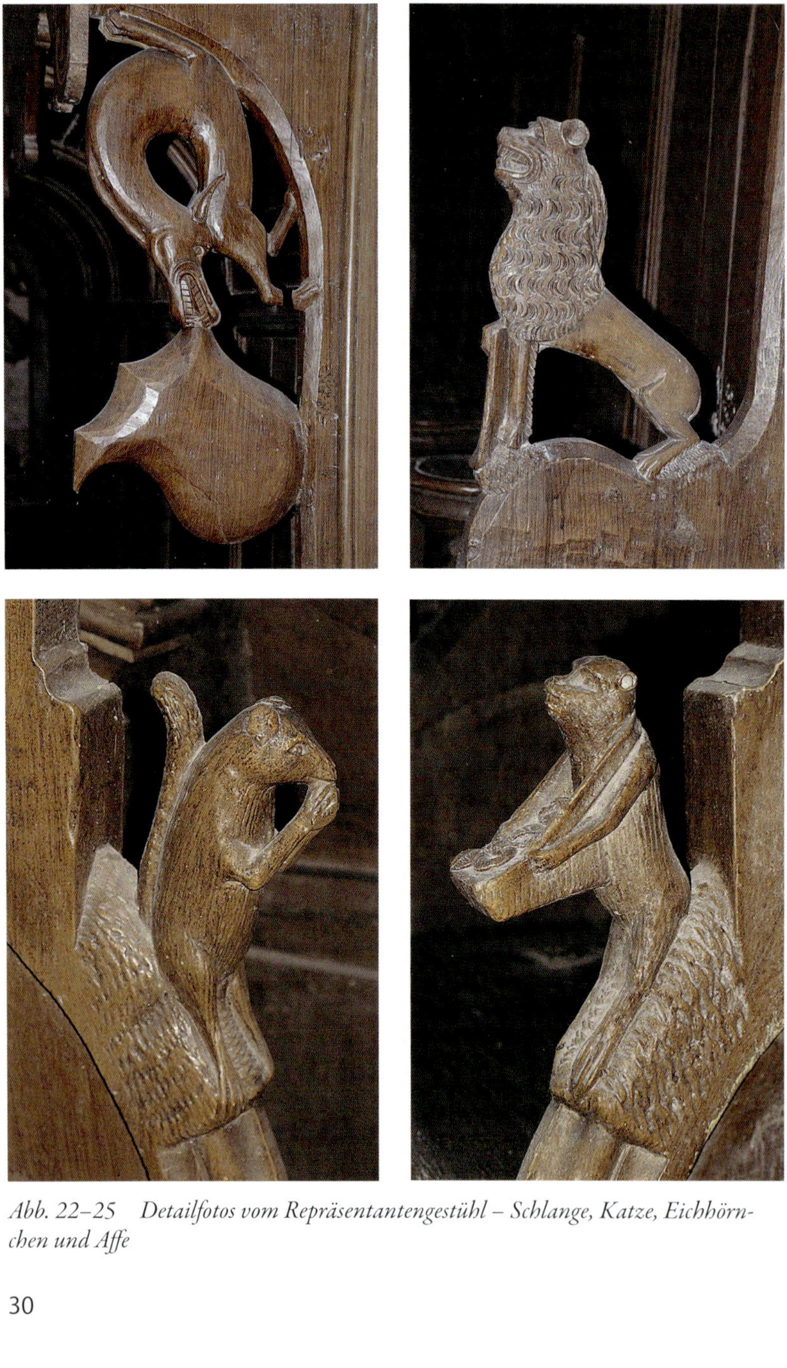

Abb. 22–25 Detailfotos vom Repräsentantengestühl – Schlange, Katze, Eichhörnchen und Affe

Gestühl für die Ratsdiener

An das Repräsentantengestühl schließt sich direkt das **Gestühl für die Ratsdiener** im südlichen Seitenschiff an, welches am Ende des 19. Jahrhunderts für diese eingerichtet wurde. Dazu wurden Teile von den Gestühlen der Schmiede und der Schuster verwendet, deren Platz zuvor zwischen den mittleren Pfeilern der südlichen Reihe war. Die mit brauner Farbe – eine Holzmaserung imitierend – überzogene Vorderfront ist beiderseits der Tür jeweils durch zwei Kassetten gegliedert. Der obere Abschluss ist nach Art eines Konsolgesimses ausgebildet. Auf der Kassette links neben der Tür wurde der braune Farbüberzug stellenweise entfernt, so dass die frühere Bemalung des Gestühls wieder sichtbar ist. Auf bläulich-grauem Grund ist das **Berufszeichen der Schmiede** zu erkennen, wo ein **Hammer**, eine **Zange** und **zwei Schlüssel** abgebildet sind.

Die vordere Sitzreihe besteht aus zwei Bänken, von denen die rechte aus dem ehemaligen Schmiedegestühl stammt. Auf der rechten Wange ist innen, in einem vertieften Feld, die Jahreszahl 1586 eingeschnitzt, das Jahr, an welchem das Gestühl für den Schmied in der Marienkirche aufgestellt wurde. Auf der linken Wange außen ist noch einmal in gleicher Weise das Berufszeichen der Schmiede (Hammer, Zange, Schlüssel) zu erkennen.

Die linke Bank befand sich zuvor im Gestühl der Schuster, auf der linken inneren Wange wurde dieselbe Jahreszahl 1586 eingeritzt, auf der rechten äußeren Wange das **Berufszeichen des Schusters**, ein halbmondförmiges **Ledermesser** und ein **weiteres Messer** mit schmaler, gebogener Klinge.

Ratsgestühl für die Bürgerschaft

An das Ratsdienergestühl schließt sich im südlichen Seitenschiff das **Ratsgestühl** an, welches 1590 in der Marienkirche aufgestellt

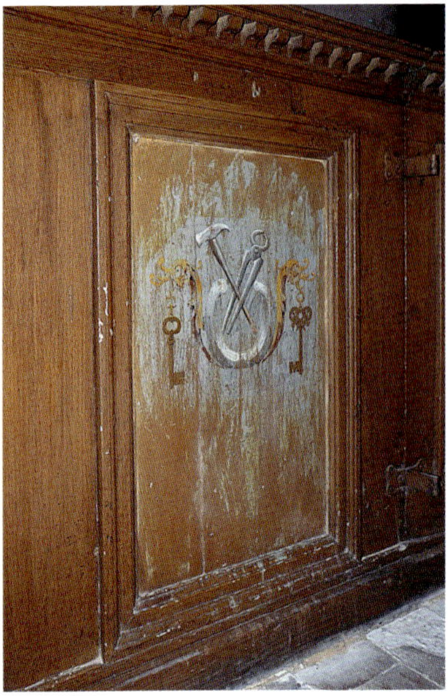

Abb. 26 Gestühl Ratsdiener mit Berufszeichen Schmied

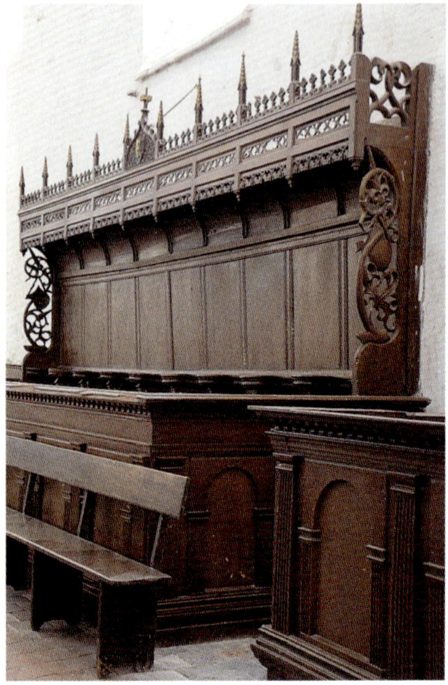

Abb. 27 Ratsgestühl

wurde. Die an den äußeren Wangen darauf zu erkennenden **Löwen** sind Symbole der Macht und Stärke. Die **wappenhaltenden Wolfshunde** dagegen warnen, wie beim Repräsentantengestühl, die Ratsherren vor dem Bösen.

Die hintere Sitzreihe und die seitlichen, durchbrochen geschnitzten Wangen stammen aus einem spätmittelalterlichen Gestühl. In jeder Wange ist ein Wappenschild zu erkennen. Die oben vorkragende Rückwand mit Maßwerkblende ist eine Ergänzung des 19. Jahrhunderts im neogotischen Stil. In der Mitte der Blende befindet sich das **Grimmer Stadtwappen**. Die Brüstung und die beiden Bänke der vorderen Sitzreihe stammen aus dem 16. Jahrhundert.

Auf der Innenseite der Brüstung und der Tür sind sehr eindrückliche Inschriften eingeschnitzt, welche bei der Erweiterung im 16. Jahrhundert vorgenommen wurde: *»Lenke du mit Rat,*

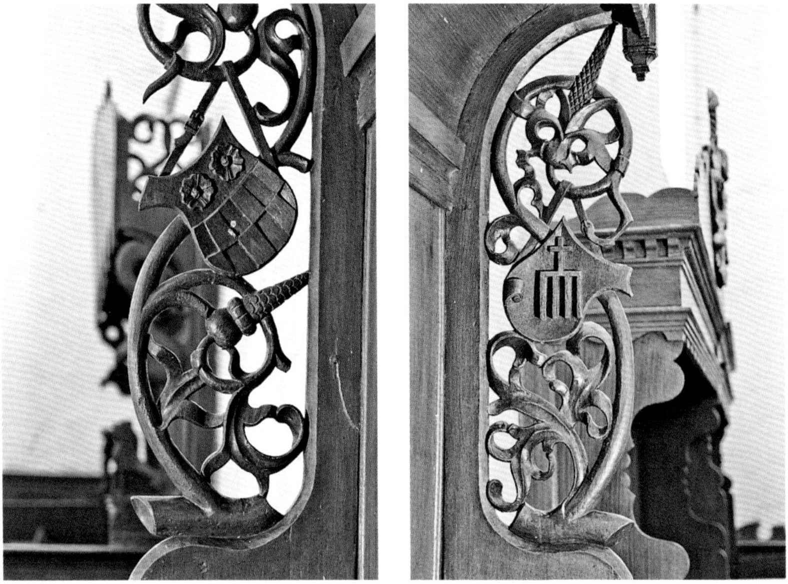

Abb. 28 Geschnitzte Wangen aus einem mittelalterlichen Gestühl mit Wappenschild

bester Vater, unser Tun und stärke mit deinem Geist unser Gemüt. Glücklicher Rat, gute Gelegenheit, glücklicher Ausgang sind die drei Gaben des einen Gottes.«[17]

Die beiden Versinschriften sind thematisch auf die Pflichten des städtischen Rats ausgerichtet und scheinen aus verschiedenen Zitaten zusammengesetzt worden zu sein.

Gestühl des Adels

Wie die Ratsherren errichtete nach der Reformation auch der nach Grimmen eingepfarrte Landadel ein Gestühl in der Marienkirche, welches sich Richtung Westen im südlichen Seitenschiff anschließt. Dieses **Gestühl der Patronatsherren von Klevenow** ist durch das Wakenitzsche Wappen deutlich gekennzeichnet.

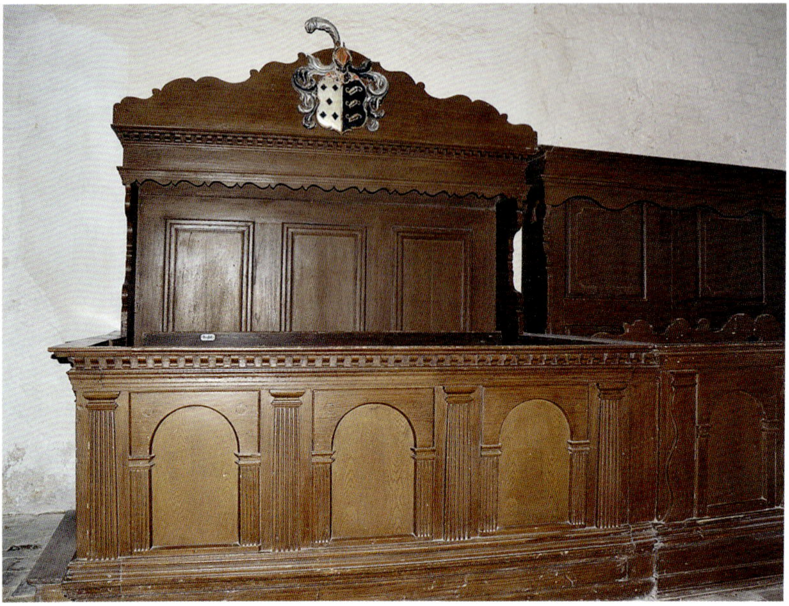

Abb. 29 Wakenitzsches Gestühl

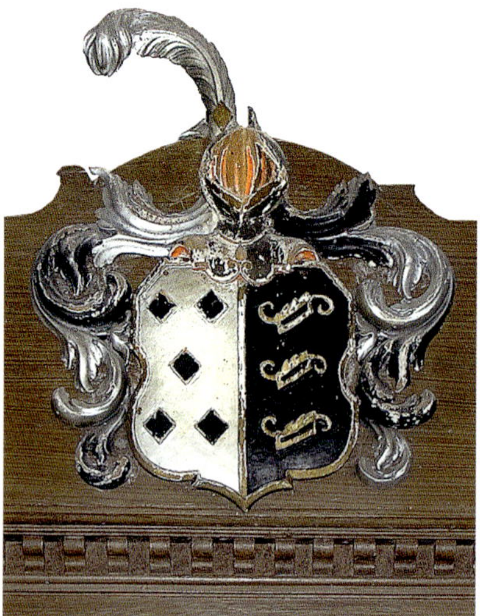

Abb. 30 Wakenitzsches Wappen

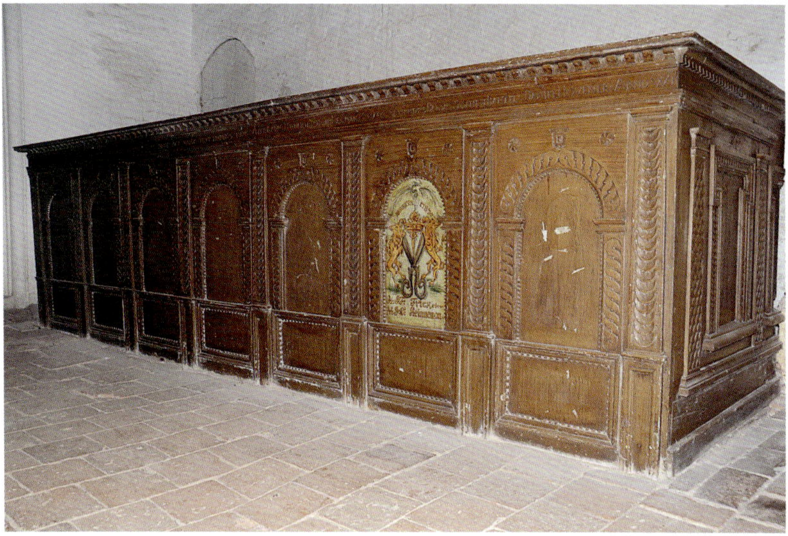

Abb. 31 Gestühl der Schneider mit Schere im nördlichen Seitenschiff

Gestühl im nördlichen Seitenschiff – Das Gestühl der Schneider

Das aus dem Ende des 16. Jahrhunderts stammende Gestühl der Schneider befindet sich im nördlichen Seitenschiff links vom Eingang zur Mauritiuskapelle. Die Vorderseite zeigt eine Scheinarchitektur aus Pilastern über hohen Postamenten, die sieben Felder bilden. Die Pilaster sind mit einem Schuppenmuster verziert. Unten zwischen den Postamenten befindet sich eine Sockelzone als rechteckiger Rahmen, dessen Innenkontur ein Zahnschnittmuster zeigt. Darüber Lisenen mit Kämpfern, über die sich ein Rundbogen spannt. Die Lisenen und Bögen sind dabei mit Flechtbandmustern verziert. Über dem Scheitel der Bögen befindet sich ein Motiv nach Art eines Schluss- oder Konsolsteins mit Diamantquader-Dekor. Auf dem rechten Teil ist das vorletzte mittlere Bogenfeld mit dem **Berufszeichen der Schneider** bemalt,

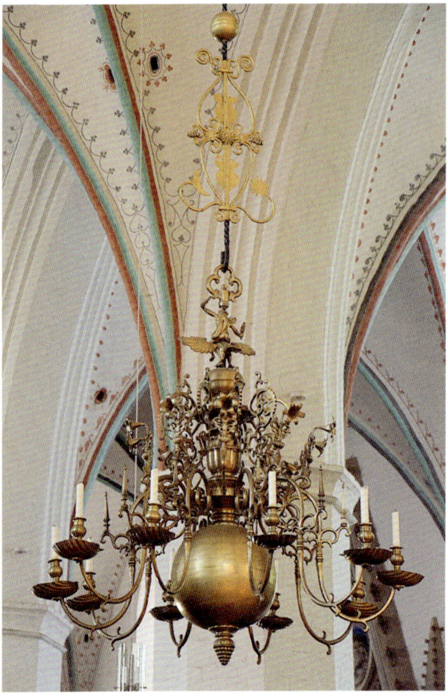

Abb. 32 Großer Kronleuchter aus Messing aus dem Jahr 1652

einer nach oben sich öffnenden **Schere**, zwischen den Klingen eine goldene Nadel unter einer goldenen Krone, die Klingen von goldenen Löwen gehalten. Das Berufszeichen der Schneider, die Schere mit der Nadel, findet man auch innen, auf der Rückseite am rechten Brüstungsteil eingeschnitzt.[18]

Flämische Kronen

In der Mitte des Kirchenschiffes hängen seit dem 17. Jahrhundert zwei aus Messing gearbeitete Flämische Kronen, im vorderen Teil vor dem Chorraum der größere, in der Mitte des Kirchenschiffes der kleinere. Der vordere Leuchter hat eine Inschrift, woraus zu entnehmen ist, dass dieser gestiftet wurde.

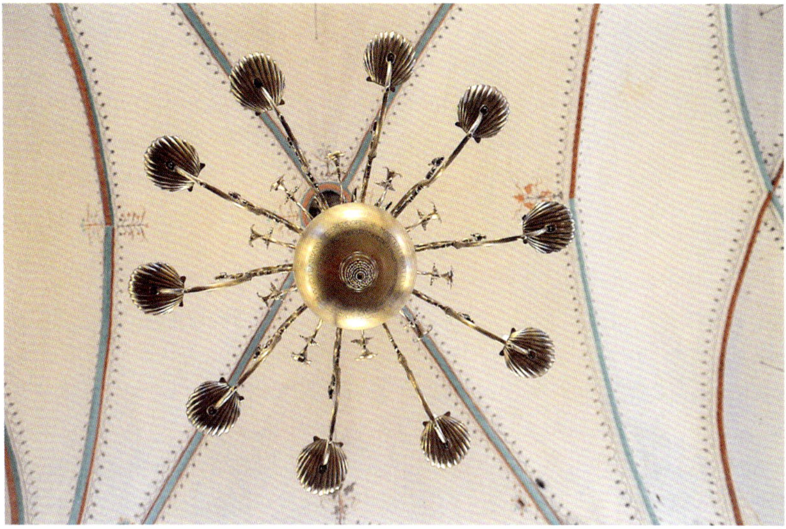

Abb. 33 Großer Kronleuchter mit Inschrift

Der **große Kronleuchter** besteht aus zehn Armen. Die Schalen unter den Kerzenhaltern sind in Form von Jakobsmuscheln gestaltet. Bekrönt wird der Leuchter durch einen Adler mit ausgestellten Schwingen, der eine männliche Person trägt. Auf der Kugel am unteren Ende des Schafts befindet sich die oben bereits erwähnte Inschrift: »*Marten Barthels, der Kirchenvorsteher und Barbara Teschendorf, seine Hausfrau, haben diese zu ihrem Gedächtnis verehret, im Jahr 1652.*«

Die Stifter des Kronleuchters erwarben 1656 eine Grabstelle in der Grimmer Marienkirche. Die dazu gehörige Grabplatte aus rotem Kalkstein wurde bei Umbauarbeiten zerteilt und zu Stufen verarbeitet.

Auch der **kleine Kronleuchter** wurde im Zusammenhang mit einer Grabstelle gestiftet. Ihn vererbte Anfang des 17. Jahrhunderts Claus Wichmann der Kirche, zusammen mit der eisernen Stangenkette, an der er noch heute vom Gewölbe herabhängt.

Pastorengemälde

Zur Ausstattung der Marienkirche in Grimmen gehörten seit der Reformation großformatige Bilder von Geistlichen in der Form von Epitaphien und gemalten Bildnissen. Bis zur Gegenwart haben sich von den einst acht Portraits von Pastoren, Diakonen, Pröpsten und Superintendenten nur vier erhalten.

Die Abschrift eines Vermerks des Konsistorialrats Gottlieb Christian Friedrich Mohnike aus dem Jahr 1819 führt die Bildnisse auf. Verloren gegangen sind die Bildnisse von Nicolaus Gildemeister, dem ersten evangelischen Pfarrer in Grimmen, von Matthias Rubacken, der als Diakon gearbeitet hat, von Dorothea Alberti, der Ehefrau des Pfarrers Bernhard Alberti und von Joachim Krüssow, der als Präpositus in der Marienkirche seinen Dienst getan hat.[19]

Die vier erhaltenen **Gemälde** von **Bernhard Alberti, Johann Christian Berends, August Christian Brunst** und **Carl Wilhelm Johann Bindemann** sind Malereien auf Holztafel und Leinwand und wurden vor wenigen Jahren einer umfassenden Restaurierung unterzogen. Sie repräsentieren einen Abschnitt der Reformationsgeschichte in der ehemaligen Synode Grimmen und hängen an der Wand des nördlichen Kirchenschiffes. Die Lebensläufe und die Ämter der vier Dargestellten stehen beispielhaft für eine sozial gehobene Schicht im Dienst der evangelischen Kirche, deren Leistungen für die Gemeinde bildlich verewigt wurden. Drei der dargestellten Pastoren weisen auf die Verbindung zur Universität Greifswald hin, die, wie bereits erwähnt, jahrhundertelang über das Kirchenpatronat in Grimmen verfügte. Die unter den Gemälden befindlichen Inschriften geben uns Auskunft über die biographischen Daten der jeweiligen Person.

Das älteste erhaltene Pastorengemälde ist dem Gedächtnis von Pastor **Bernhard Alberti** gewidmet und wurde zehn Jahre nach dessen Tod im Jahre 1654 in der Marienkirche aufgestellt.

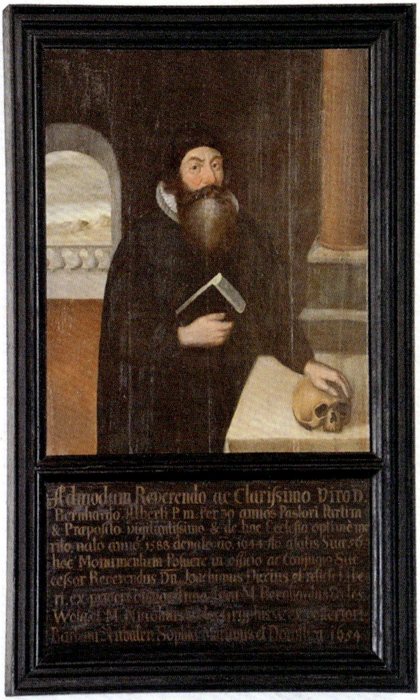

Abb. 34 Gemälde Bernhard Alberti

Im unteren Teil des Holzrahmens befindet sich eine sehr ausführlich gehaltene Inschrift: *»Dem sehr ehrwürdigen und berühmten Mann, Herrn Bernhard Alberti, seligen Gedenkens, über 30 Jahre hin Pastor, eine Zeit davon auch sehr sorgsamer Präpositus und von höchstem Verdienst für diese Kirche, geboren im Jahr 1588, gestorben im Jahr 1644 im sechsundfünfzigsten Lebensjahr, errichteten dieses Denkmal sein Nachfolger im Amt wie in der Ehe, der ehrwürdige Herr Joachim Vicke, und die hinterbliebenen Kinder, aus erster Ehe mit Anna Aven: Magister Bernhard, in der Wolgaster Kirche, und Magister Nikolaus, in der Greifswalder Kirche, aus der späteren (Ehe) mit Barbara Rubach: Sophia, Martin und Dorothea, 1654.«*

Bernhard Alberti wurde 1588 in Grimmen geboren. Er begann seine berufliche Laufbahn als Konrektor der Stadtschule in Anklam, war dann Rektor in Wolgast, bis er 1614 als Diakon an die Grimmer Marienkirche berufen wurde. Im Jahr 1626 wurde ihm das Amt des leitenden Geistlichen, eines Präpositus übertragen. Als seine erste Ehefrau Anna Ave, Witwe des Grimmer Diakons Eustachius Voß gestorben war, vermählte er sich 1632 mit Matthäus Rubachs Tochter Barbara. Er starb 1644 und wurde in der Grimmer Marienkirche beigesetzt.

Das zweite erhaltene Gemälde, ein Ölgemälde auf Leinwand, erinnert an **Johann Christian Berends**. Das Gemälde zeigt Berends in ganzer Figur im Amtsornat. Links daneben befindet sich ein Tisch mit einem Kruzifix und einem aufgeschlagenen Buch, das die Finger seiner rechten Hand berühren.

Darunter befindet sich auf einer separaten Holztafel folgende Inschrift: *»Johann Christian Berends, Prediger in Grimmen ist geboren in Werben, den 16. Dezember 1680. Zum Predigeramt berufen, den 15 September 1713. Aus besonderer Liebe gegen seinen Stiefvater hat dieses setzen lassen Mathias Thüring. 1743 gestorben, den 3 Juni. 1745.«*

Johann Christian Berends wurde am 16. Dezember 1680 in Werben geboren. 1713 erfolgte seine Berufung zum Diakon in Grimmen. Er heiratete die Witwe seines Amtsvorgängers Mathias Thuring. Nach einer längeren Erkrankung mit Lähmungserscheinungen starb er am 23. Juni 1745

Das dritte erhaltene Gemälde, ebenfalls ein Ölgemälde auf Leinwand, ist dem Gedächtnis von **August Christian Brunst** gewidmet. Brunst wirkte eine Zeitlang zusammen mit Berends in Grimmen, weshalb sich die beiden Gemälde auch so ähneln. Das Bild zeigt Brunst im Amtsornat, zu seiner Rechten ein Tisch, darauf ein Kruzifix mit dem Titulus und drei Bücher. Zwei sind aufgeschlagen, das dritte, auf welches der Dargestellte seine rech-

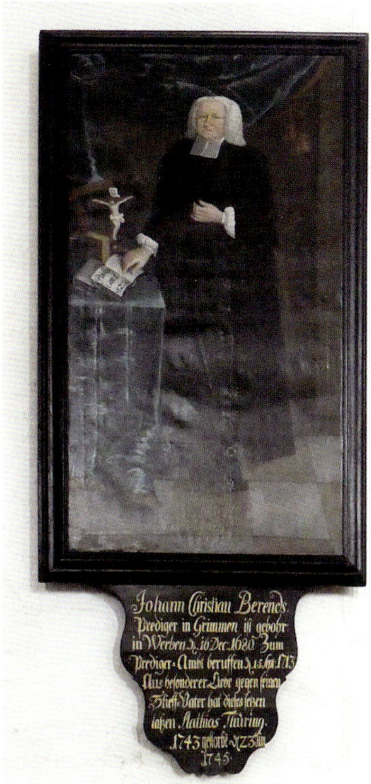

Abb. 35 Gemälde Johann Christian Bernhard

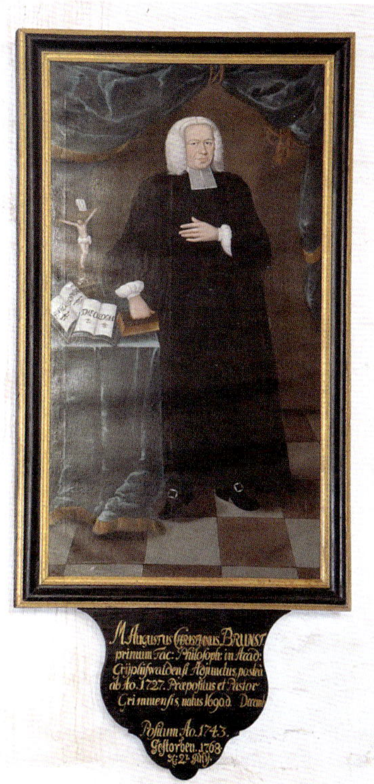

Abb. 36 Gemälde August Christian Brunst

te Hand stützt, ist geschlossen. Auf dem geöffneten Buch ist eine Inschrift zu erkennen.

Der ledige August Christian Brunst ließ auf eigene Kosten den im Chorumgang der Marienkirche aufgestellten Beichtstuhl errichten.[20]

Christian Brunst war ein ausgesprochen **streitbarer Mann.** Schon während seines Wirkens an der Universität Greifswald ist in einer Fülle von Briefen und Aktennotizen[21] ein länger anhaltender Streit mit Albert Georg Schwartz um eine Honorarprofessur an der Philosophischen Fakultät Greifswald dokumentiert. Dabei hatte Brunst allerdings das Nachsehen und beendete daraufhin seinen akademischen Dienst an der Universität im Jahre 1721.

In der Pfarrstelle Grimmen setzten sich die Streitereien fort. Erste Probleme mit Brunst gab es bereits kurz nach der Übernahme des Amtes. Im Jahre 1728 klagte der Rat der Stadt Grimmen, weil der Pfarrer unerlaubt mit Mehl handelte. Zwischen 1729 und 1733 sind in den Akten des Landesarbeitsgerichtes Rostock Auseinandersetzungen zwischen Rat und Pastor wegen dem Einbau eines Grabgewölbes in der Kirche belegt. Im Jahre 1738 schließlich beschwerte sich der Rat über Eingriffe Brunsts in die städtische Gerichtsbarkeit. Weitere Auseinandersetzungen folgten, in denen das Tribunal in Wismar als höchstes Landesgericht angerufen werden musste. Im Jahr 1755 wurden gleich zwei Urteile dort gefällt. Zum einen entschied das Tribunalgericht, dass der Rat nicht mehr als die Hälfte der neu geschaffenen Stuhlstellen im Chor an Eingepfarrte vermieten dürften und der Rest den Bürgern offenstehen solle. Zum anderen bestätigte das Gericht den von Brunst über das Konsistorium eingereichten Antrag, dass der Rat seinen Verpflichtungen nachkommen müsse, den baulichen Zustand des Pfarrhauses und der Dienstwohnungen der Kirchenangestellten zu verbessern. Im Ergebnis dieser Gerichtsentscheidungen war es Brunst möglich, die beiden Fachwerkhäuser in der Domstraße und in der Mühlenstraße errichten zu lassen, in denen noch heute unsere Veranstaltungen in der Gemeinde stattfinden. Weitere Auseinandersetzungen führte Brunst mit Gemeindegliedern der Synode Grimmens. Auch führte er einen Streit mit dem Diakon Johann Balthasar Braun kurz nach dessen Amtsantritt über die gleichberechtigte Aufteilung aller Einkünfte. Dafür hätte Braun Kenntnis erhalten müssen, wie hoch diese sind. Doch Brunst verweigerte ihm die Einsicht in die Rechnungslegung der Einnahmen und in die Ausgaben der Kirchengüter. Auch dieser Fall wurde vor dem Tribunalgericht Wismar verhandelt.[22]

Alle geführten Auseinandersetzungen zeigen uns Brunst als einen ausgesprochen selbstbewussten Mann, der sich in seine Kompetenzen nur ungern hineinreden ließ und die Privilegien der Kirche und ihres Propstes mit allen Kräften verteidigte.

Auf einer separaten Holztafel seines Gemäldes befindet sich folgende Inschrift: *»August Christian Brunst, zuerst Adjunkt der Philosophischen Fakultät an der Greifswalder Hohen Schule, dann seit dem Jahr 1727 Präpositus und Pastor in Grimmen, geboren 1690 am ... Tag des Dezember. (Das Denkmal) gesetzt im Jahr 1743. Gestorben 1768, den 21. Juli. Magister.«*

August Christian Brunst wurde am 16. Dezember 1690 in Poseritz auf der Insel Rügen geboren. Nach seinem Studium an der Greifswalder Universität blieb er als Magister und als Adjunkt an der Philosophischen Fakultät, bis er 1727 zum Pfarrer und Präpositus an die Grimmer Marienkirche berufen wurde. Im Jahr darauf heiratete er Elisabeth Sophie Iven aus Hohenbarnekow. Das Amt in Grimmen nahm er bis zu seinem Tod am 21. Juli 1768 wahr.

Das vierte erhaltene Gemälde, ebenfalls ein Ölgemälde auf Leinwand, erinnert an **Carl Wilhelm Johann Bindemann**. Das Bildnis zeigt Bindemann im Amtsornat vor dem Altar der Grimmer Kirche. Am unteren Rand ganz links befindet sich eine Signatur: »Elisabeth Bindemann, 29. Juni 1879«, was deutlich macht, dass die Tochter von Bindemann genau ein Jahr nach dem Tod des Vaters mit diesem Gemälde an ihn erinnern möchte.

Wie bereits erwähnt, ist es Carl Wilhelm Johann Bindemann zu verdanken, dass die Marienkirche in der zweiten Hälfte des 19. Jahrhunderts einer umfassenden Renovierung im Inneren unterzogen wurde. Der sich uns noch heute präsentierende Innenraum im neogotischen Stil ist eine der Aufgaben gewesen, die Bindemann in seiner Amtszeit zu verantworten hatte.

Auf einer separaten Holztafel, welche unterhalb des Gemäldes angebracht ist, befindet sich folgende Inschrift: *»Doktor der*

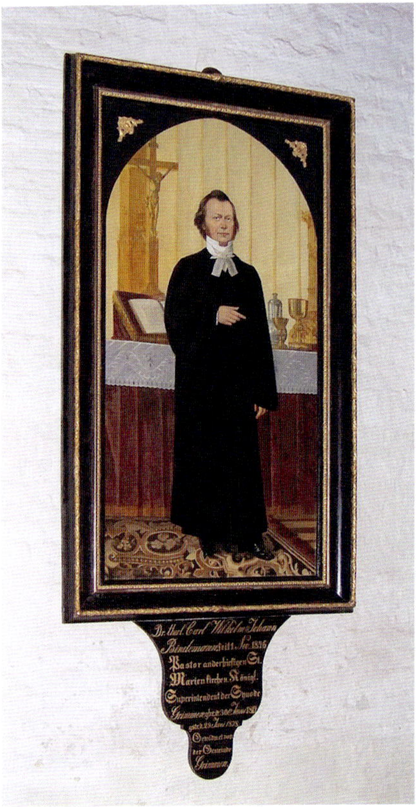

Abb. 37 Gemälde Carl Johann Christian Bindemann

Theologie Carl Wilhelm Johann Bindemann, seit 1. November 1846 Pastor an der hiesigen Sankt Marienkirche und Königlicher Superintendent der Synode Grimmen, geboren den 30. Juni 1814 / gestorben den 29. Juni 1878, Gewidmet von der Gemeinde Grimmen.«

Carl Wilhelm Johann Bindemann wurde am 30. Juni 1814 in Barth geboren. Bindemann studierte zuerst in Berlin, dann in Greifswald Theologie, wo er den Grad eines Lizentiaten der Theologie erlangte und ab 1839 als Bibliotheksgehilfe tätig war. 1844 wurde Bindemann im Alter von 30 Jahren zum außerordentlichen Professor der Theologie in Greifswald berufen. Im

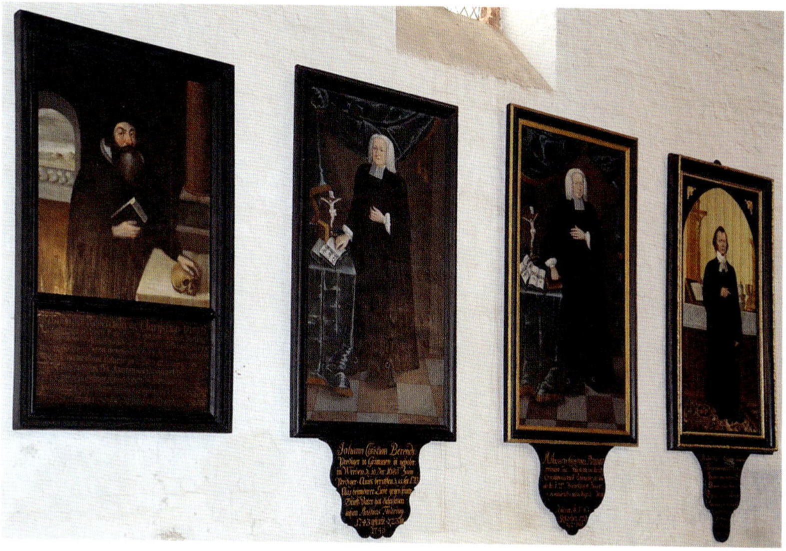

Abb. 38 Vier Pastorengemälde, Nordseite Kirchenschiff

selben Jahr vermählte er sich mit Maria Lagemann, einer Tochter des Loitzer Superintendenten. Zwei Jahre später promovierte ihn die Königsberger Universität zum Doktor der Theologie. Pastor und Superintendent in Grimmen war er von 1846 bis kurz vor seinem Tod im Mai 1878.

Die Mauritiuskapelle

Die an der Nordseite der Marienkirche angebaute Kapelle wird urkundlich am Ende des 15. Jahrhunderts erstmals erwähnt. Albrecht Wakenitz erwarb 1615 die Kapelle und richtete sie als Familiengrablege ein. Anlass dafür wird der Tod seiner Mutter im Januar dieses Jahres gewesen sein. Aber bereits vorher diente die Kapelle als Begräbnisstätte der Familie Wakenitz, was an der Grabplatte des im Jahr 1588 verstorbenen Sebastian Wakenitz nachgewiesen werden kann. Nach dem Kauf der Kapelle ließ Albrecht Wakenitz – wie bereits erwähnt – bauliche Veränderungen vornehmen.

In der Folgezeit erfuhr die Kapelle weitere Umbauten. Im 18. Jahrhundert erfolgte der Einbau eines niedrigen Tonnengewölbes. Mitte des 19. Jahrhunderts ließen die Patronatsherren das Gewölbe auf der Eingangsseite verkürzen und dort einen **Vorraum im neoklassizistischen Stil** errichten. Dazu wurde ein großes, aufwendig gestaltetes Portal aufgestellt, welches nun den Zugang zur Kapelle bildet. Über dem Eingang zum Gruftgewölbe wurde das **Wappen der Familien Lancken-Wakenitz** angebracht, darüber eine **Inschrift**, die einen biblischen Vers enthält: »Selig sind die Toten, die in dem Herrn sterben«, Offenbarung, Kapitel 14, Vers 13.

Im Inneren der Gruft befinden sich zwei weitere **Bibelzitate an den Wänden:** zum einen ein Wort aus dem Johannesevangelium, Kapitel 14, Vers 6, wo Jesus spricht: »Ich bin der Weg und die Wahrheit und das Leben; niemand kommt zum Vater denn durch mich.« Und zum anderen ein Wort aus dem Alten Testament, aus dem Propheten Jesaja, Kapitel 13, Vers 10: »Die Erlösten des Herrn werden wiederkommen und gen Zion kommen mit Jauchzen. Freude und Wonne werden sie ergreifen, und Schmerz und Seufzen wird entfliehen.«

In der Familiengrabstätte der Patronatsherren können 20 Bestattungen nachgewiesen werden. Dreizehn davon in Form von Särgen, die sich in der Kapelle befinden, weitere sieben, deren Namen auf den im Fußbodenbereich liegenden Grabplatten entziffert werden konnten.[23] Dies betrifft folgende Personen:

Grabplatte 1 für Caspar Wakenitz und Magdalena von Eickstedt sowie für Georg Wakenitz.

Caspar Wakenitz war ein Sohn Albrechts I. auf Klevenow. Er starb wahrscheinlich 1595. Magdalena von Eickstedt, die Mutter

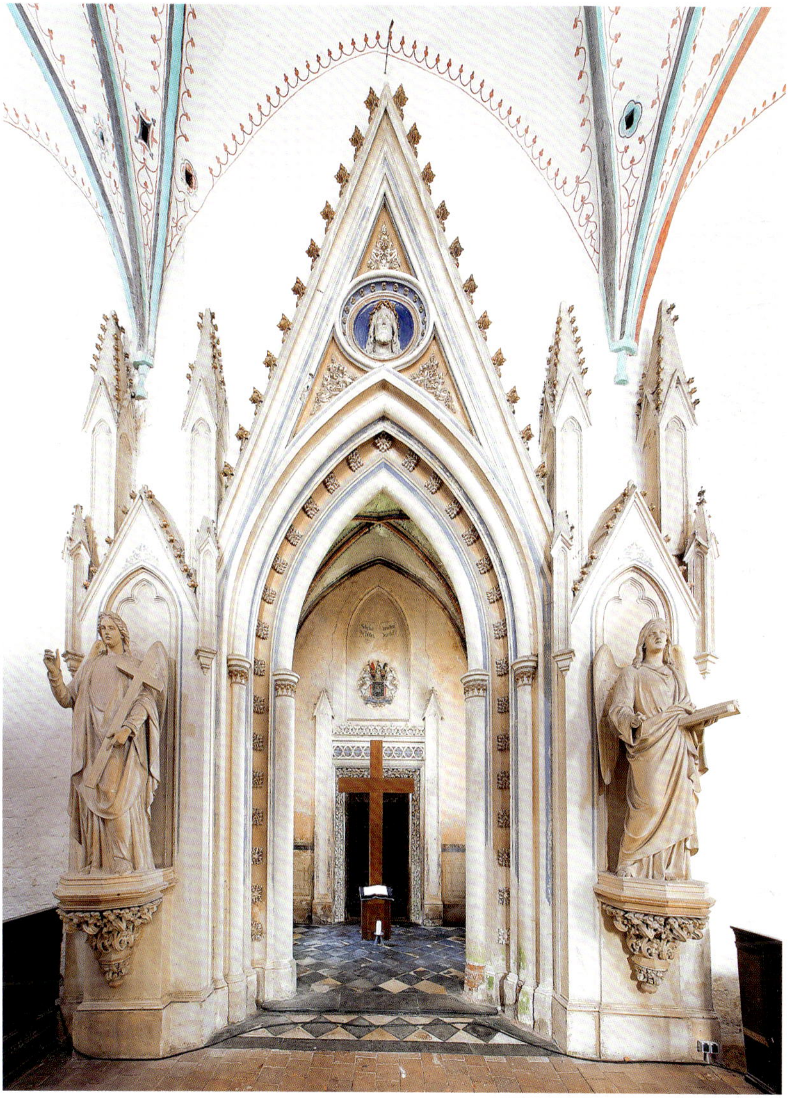

Abb. 39 Neoklassizistisches Portal zur Wakenitzkapelle

von Albrecht Wakenitz starb am 24. Januar 1615. Ihr Sohn Georg starb 1606 ohne Nachkommen.

Grabplatte 2 für Sebastian Wakenitz und Barbara Mörder. Sebastian II. Wakenitz war der älteste Sohn von Caspar Wakenitz und Magdalena von Eickstedt. Er war fürstlich pommerscher Hauptmann zu Loitz und wohnhaft in Klevenow. Er starb am 29. Januar 1620, seine Ehefrau Barbara Mörder am 20. April 1627.

Grabplatte 3 für Albrecht Wakenitz und Margaretha Rotermund. Albrecht Wakenitz war der zweite Sohn des Caspar Wakenitz auf Klevenow und der Magdalena von Eickstedt. Er wurde am 13. Juli 1558 in Klevenow geboren und starb am 26. März 1636. Er war ein hochgebildeter und sozial engagierter Mann, der eine Vielzahl von Stiftungen gegründet hat. Nach seinem Studium an den Universitäten Greifswald, Rostock, Wittenberg, Leipzig und Tübingen trat er 1585 an der Greifswalder Universität eine juristische Professur an. Zweimal war er dort Vizekanzler. Nach seinem Tod vererbte er der Hochschule einen Teil seines Vermögens und seine Bibliothek. Bereits 1574 wurde er Mitglied des Camminer Domkapitels, 1590 wurde er zum Landes-Archivar und Hauptmann der Ämter Grimmen und Tribsees, 1605 zum Landrat und Kanzler des Camminer Stifts ernannt.[24] Mit seiner Frau Margaretha Rotermund hatte er eine Tochter.

Margaretha Rotermund wurde am 24. April 1564 geboren und war in erster Ehe mit Godeke von der Osten verheiratet. Die Trauung mit Albrecht Wakenitz fand am 6. September 1615 in Klevenow statt. Sie starb am 28. Januar 1622.

Weitere dreizehn Bestattungen in Form von Särgen in der Mauritiuskapelle:

Frantz Otto von Wakenitz, geboren in Gustow auf Rügen, gestorben am 10. März 1774 in Klevenow. Beigesetzt wurde er am 16. März 1774 im Alter von 73 Jahren.

Freiherr Franz Carl Ludwig von Wakenitz, geboren in Kandelin, gestorben am 19. März 1813. Seine Beisetzung erfolgte im Alter von 28 Jahren, erst in Klevenow, bevor er 1816 dann in das Erbbegräbnis überführt wurde.

Edelfrau Friederike von Wakenitz, geborene von der Lancken, geboren in Lankenburg. Sie starb am 13. Februar 1834 und wurde am 17. Februar 1834 beigesetzt.

Erbherr Carl Otto von Wakenitz, geboren in Passow. Er starb am 1. Mai 1834 in Klevenow und wurde im Alter von 82 Jahren am 5. Mai 1834 beigesetzt.

Marie Emilie von Santa Quieteria, wurde am 18. Februar 1859 im Erbbegräbnis der Freiherren von Lancken-Wakenitz beigesetzt. Sie war die Tochter des ehemaligen portugiesischen Gesandten am Hof zu Wien, Antoine Jose von Santa Quieteria und der Baroness Natalie von der Lancken-Wakenitz. Marie Emilie verstarb am 14. März 1858 in Berlin und war bis zur Umbettung in die Mauritiuskapelle in der St. Gedächtniskirche in Berlin beigesetzt.

Baronesse Franziska von Lancken-Wakenitz, wurde 1850 in Klevenow geboren. Sie starb am 7. Juni 1856 in Losentitz auf Rügen und wurde am 11. Juni 1856 in Klevenow beigesetzt. Die Umbettung in das Erbbegräbnis zu Grimmen erfolgte am 9. Mai 1861.

Baronesse Marie von Lancken-Wakenitz, starb am 17. April 1860 im Alter von sechs Jahren in Losentitz auf Rügen. Beigesetzt wurde sie am 21. April in Klevenow. Die Umbettung in das Erbbegräbnis zu Grimmen erfolgte am 9. Mai 1861.

Baron Malte Ehrenfried von Lancken-Wakenitz, verstarb am 28. April 1865 im Alter von acht Jahren. Am 2. Mai 1865 wurde er im Erbbegräbnis zu Grimmen beigesetzt.

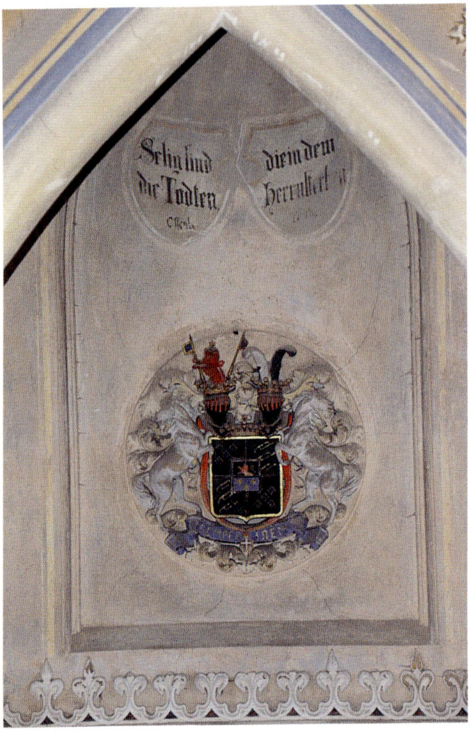

Abb. 40 Inschriften über dem Eingang der Mauritiuskapelle

Freiherr Friedrich von Lancken-Wakenitz, wurde in Boldewitz auf Rügen geboren. Er verstarb am 5. Juli 1866 in Nechamitz/Böhmen an den Folgen einer Verwundung bei der Schlacht von Königs Grätz im Alter von 42 Jahren. Er wurde in Böhmen beigesetzt, bevor am 29. August die Überführung in das Erbbegräbnis zu Grimmen erfolgte. Freiherr Friedrich von Lancken-Wakenitz war Kammerherr und Rittmeister sowie Majoratsherr auf Klevenow.

Baronesse Magdalena Julia von Lancken-Wakenitz, wurde am 21. Mai 1862 geboren. Sie starb am 12. Juni 1874 im Alter von zwölf Jahren in Klevenow. Beigesetzt wurde sie am 15. Juni 1874 im Erbbegräbnis zu Grimmen

Freiherr Carl Friedrich Malte Ernst von Lancken-Wakenitz, Erbherr auf Klevenow, geboren in Klevenow, verstarb am 38. März 1876 im Alter von 21 Jahren in Griebenow. Er wurde am 31. März 1876 im Erbbegräbnis zu Grimmen beigesetzt.

Freifrau Christine Dorothea Emilie von Lancken-Wakenitz, geborene von Wakenitz, verstarb am 24. Mai 1888 im Alter von 87 Jahren. Beigesetzt wurde sie am 28. Mai 1888 im Erbbegräbnis.

Freiherr Malte von Wakenitz, geboren am 22. September 1864 in Boldewitz auf Rügen, verstarb nach einer Operation am 17. November 1911 in Stralsund. Er war Rittmeister und wurde am 20. November 1911 im Erbbegräbnis beigesetzt.

Kanzel

Die mit reichem Schnitzwerk versehene Kanzel wurde in einer Stralsunder Werkstatt hergestellt und 1707 in der Marienkirche aufgestellt. Ursprünglich war diese am zweiten nördlichen Pfeiler des Langhauses befestigt, bevor sie danach zweimal versetzt wurde. Bei der Umgestaltung des Kircheninneren im 19. Jahrhundert gelangte sie an die heutige Stelle vor dem Chor. Die Kanzel besteht aus vier Teilen: Portal, Aufgang, Korb und Schalldeckel und ist reich mit Akanthuswerk, Fruchtgirlanden und Fruchtgehängen, Puttenköpfen und Genien verziert. Zugleich bietet sie dem Betrachter ein ausgesprochen interessantes Bildprogramm, welches zum Nachdenken anregen soll.

In den Brüstungsfeldern des Kanzelkorbes sind der **Apostel Paulus** und die **vier Evangelisten** dargestellt. Der Kanzelkorb wird von **einem Engel** mit einer Posaune an dem Mund gestützt. Im linken Arm hält er ein verschlossenes Buch, das zum Jüngsten Gericht geöffnet werden wird. In diesem Buch sind alle Verfehlungen, aber auch alles, was dem Einzelnen gelungen ist, genau verzeichnet. Das soll eine Mahnung an die Gottesdienstbesucher sein, auf das zu hören, was aus Gottes Wort gepredigt wird. An der Tür zur Kanzeltreppe erinnert **Christus als der gute Hirte** den Prediger daran, dass auch er in der Funktion eines Hirten seine Gemeinde zu unterweisen hat.

Der obere Rand des Kanzelkorbes wird flankiert durch ein Bibelwort aus dem ersten Petrusbrief, Kapitel 1, Vers 25: **»Das Wort des Herrn bleibt ewiglich.«** Auf dem unteren Rahmen des Schalldeckels ist ein Wort aus dem Römerbrief, Kapitel 10, Vers 17 zu lesen: **»Der Glaube kommt aus der Predigt, das Predigen aber aus dem Wort.«**

Über dem Kanzelkorb befindet sich ein hoch auftürmender Kanzelaufbau, auf dessen Spitze **der Auferstandene mit einer Siegesfahne** in der Hand steht, der Sünde, Tod und Teufel überwunden hat. Der als Turm gestaltete Kanzelaufbau bietet ein Sinnbild für die unsichtbare Kirche.

Auf den Ecken der Konsole sind in Form von Tugend-Allegorien **fünf weibliche Schnitzfiguren** dargestellt, welche Symbole für die Tugend in den Händen halten. Diese stehen für die vier Kardinaltugenden der antiken Welt (Gerechtigkeit, Tapferkeit, Einsicht, Selbstbeherrschung) und für die drei Kardinaltugenden des christlichen Glaubens (Glaube, Liebe, Hoffnung). Ihnen sind auf Schrifttafeln erläuternde Bibelworte zugeordnet.[25]

Die Figur, welche für **Gerechtigkeit** steht, hält eine **Waage** und ein **Schwert** in den Händen. Die Figur, welche für die **Klugheit** steht, eine **Schlange.** Die Figur welche für die **Selbstbeherrschung** steht, hält eine **Kanne** und einen **Becher** in den Händen, mit welchen sie Wasser in den mit Wein gefüllten Becher gießt. Die Figur, welche für den **Glauben** steht, hält ein **Buch** in der Hand. Und die Figur, welche für die **Hoffnung** steht, einen **Anker.**

In den jeweiligen Füllungen des Kanzelaufbaus finden wir **fünf Verse aus der Bibel,** welche die durch die Figuren bildlich dargestellten Tugend-Allegorien mit ihrem jeweiligen Thema aufgreifen:

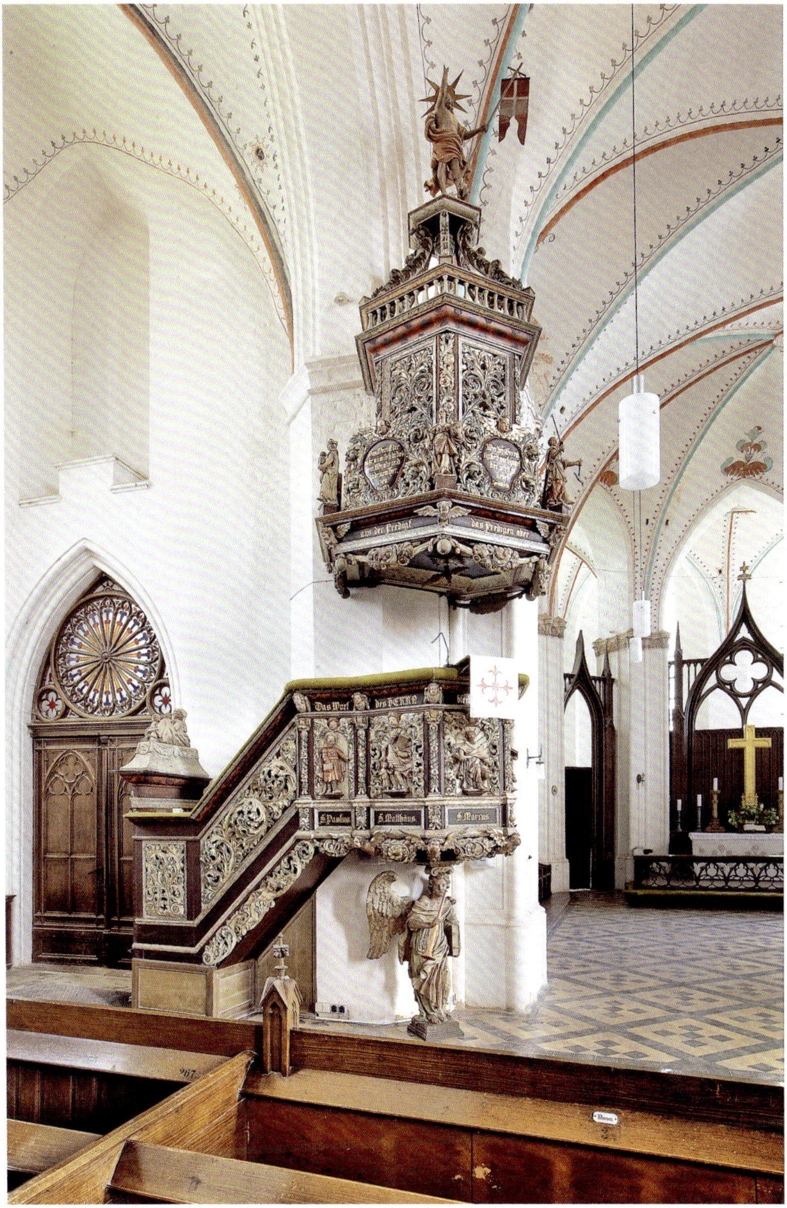

Abb. 41 Barocke Kanzel mit Schalldeckel aus dem Jahr 1707

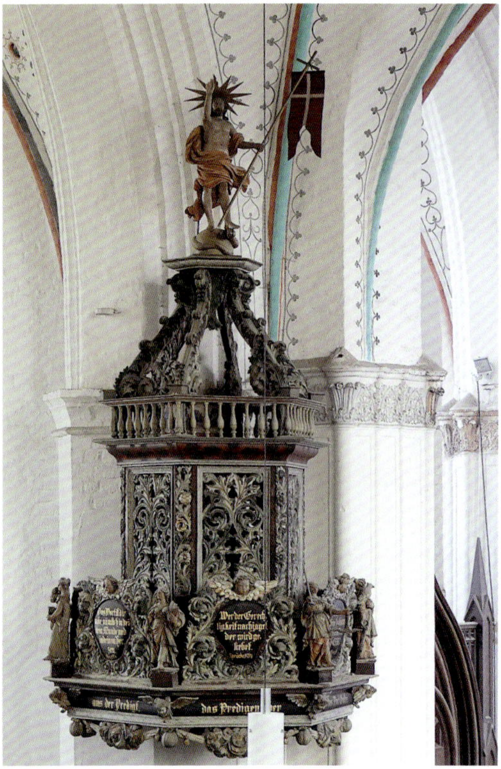

Abb. 42 Schalldeckel Kanzel mit Darstellungen der Tugend-Allegorien

»Wer der Gerechtigkeit nachjagt, der wird geliebt« (Sprüche 15, Vers 9)

»Das Wort ist dir nahe, nämlich in deinem Munde und in deinem Herzen« (Römer 10, Vers 8)

»Wohl dem, der seine Hoffnung setzt auf den Herrn« (Psalm 40, Vers 5)

»Seid klug wie die Schlangen und ohne Falsch wie die Tauben« (Matthäus 10, Vers 16)

»Sei stark mein Sohn durch die Gnade in Christo Jesu« (2. Timotheus 2, Vers 1)

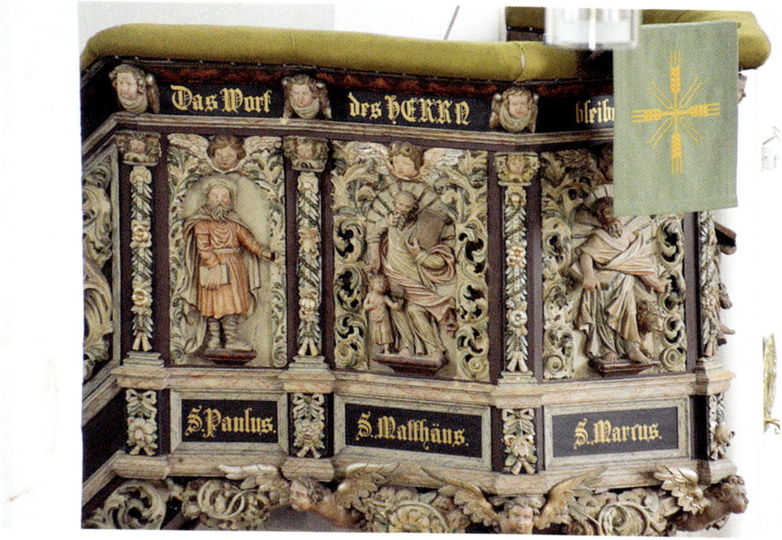

Abb. 43 Kanzelkorb mit Paulus und den Evangelisten Matthäus und Markus

Chorraum

Der **Chorraum**, welchen wir über eine Stufe erreichen, setzt sich in seiner Höhe gegenüber dem Mittelschiff nur relativ wenig ab. Rechts von der Kanzel liegen einige **Chorstufen mit einer Inschrift**, welche aus einer ehemaligen Grabplatte aus der ersten Hälfte des 14. Jahrhunderts stammen. Diese enthalten die ältesten Inschriften, die es in der Marienkirche gibt.

Dominiert wird der Chor durch die **neogotische Chorschrankenwand**, welche im 19. Jahrhundert im Zuge der Umgestaltung der Kirche hier eingebaut wurde. Neben dem Hauptaltar – rechts und links – befanden sich zwei Öffnungen, durch welche man in den Chorumgang gelangte. Beide wurden auf meine Initiative hin im Jahr 2023 geschlossen. Seitdem präsentiert sich die Chorschrankenwand den Betrachtern als geschlossene Einheit und für die Gottesdienstbesucher besteht seitdem die Möglichkeit, beim Blick in den Chor innerlich zur Ruhe geführt zu werden.

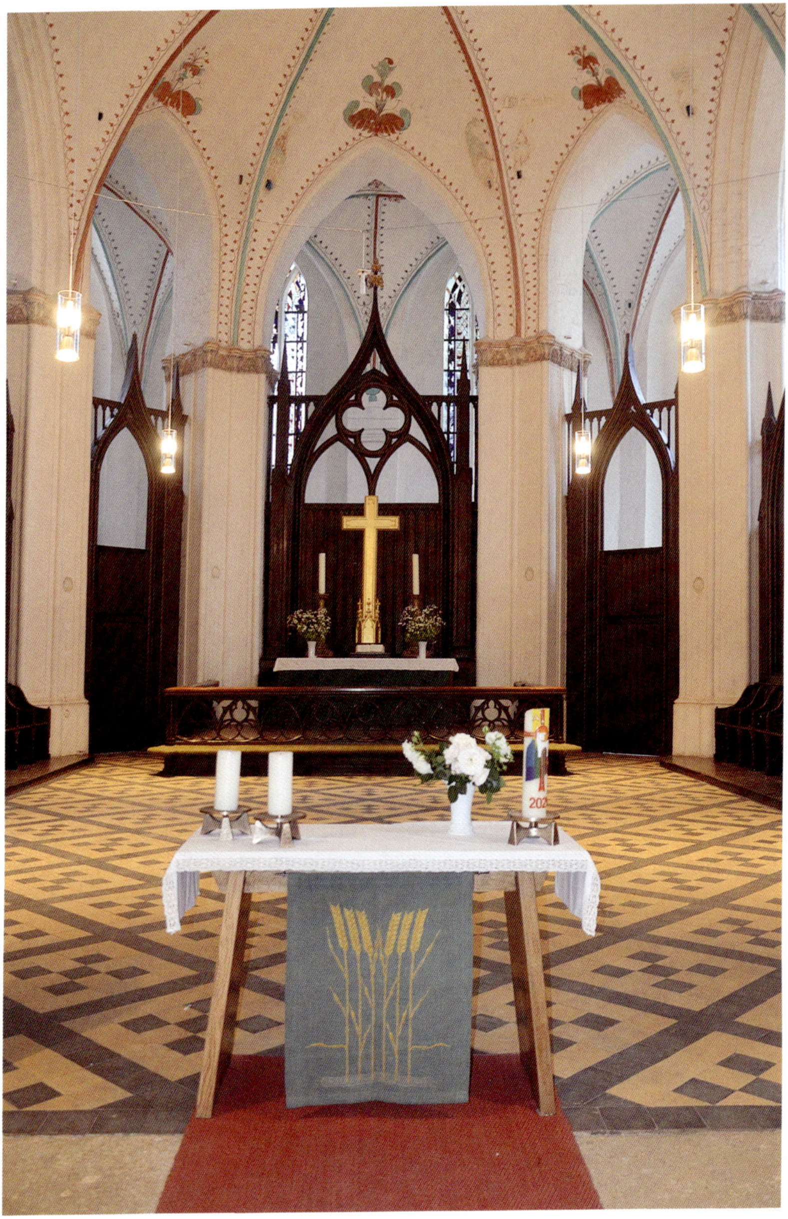

Abb. 44 Chorraum mit geschlossener Chorschrankenwand

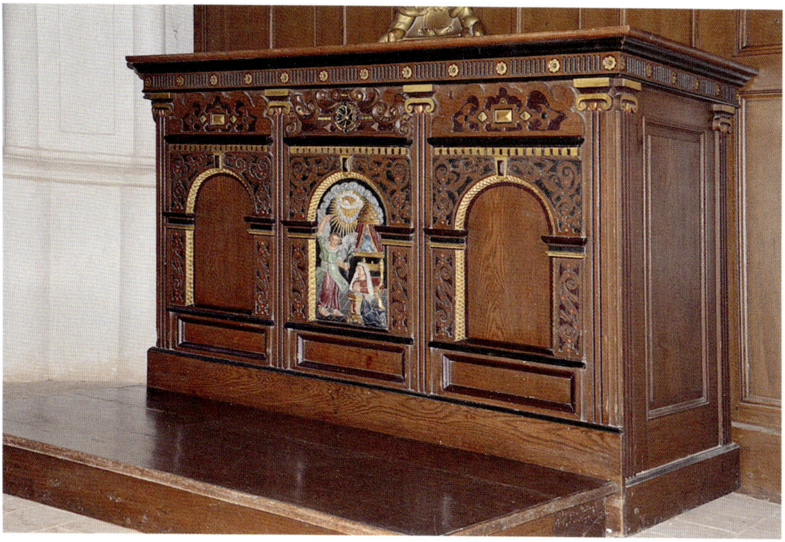

Abb. 45 Neogotischer Altartisch mit Bildtafel aus dem Jahr 1622

Der sich heute an der Nordseite des Chorumgangs befindende **Altartisch** stammt ebenso aus dieser Zeit und stellte das Bindeglied zwischen Mittelschiff und Chorraum dar. Dieser enthält das zweite schöne **Verkündigungsrelief** aus einem ehemaligen Gestühl aus dem Jahr 1622. Auf diesem sind Maria und ein Engel dargestellt, der ihr die Geburt eines Sohnes, Jesu Christi, mitteilt.

Auf der rechten Seite des Chorraumes befindet sich der **neogotische Taufstein** aus dem Jahr 1861. Rechts daneben hat die aus dem 15. Jahrhundert stammende **Pietà** ihren Platz gefunden. Sie gehörte einst zum Inventar der Marienkirche Stoltenhagen. Daneben wurde vor wenigen Jahren eine weitere neuzeitliche Pietà aufgestellt, die der polnische Bildhauer Edward Szatkowski[26] geschnitzt hat.

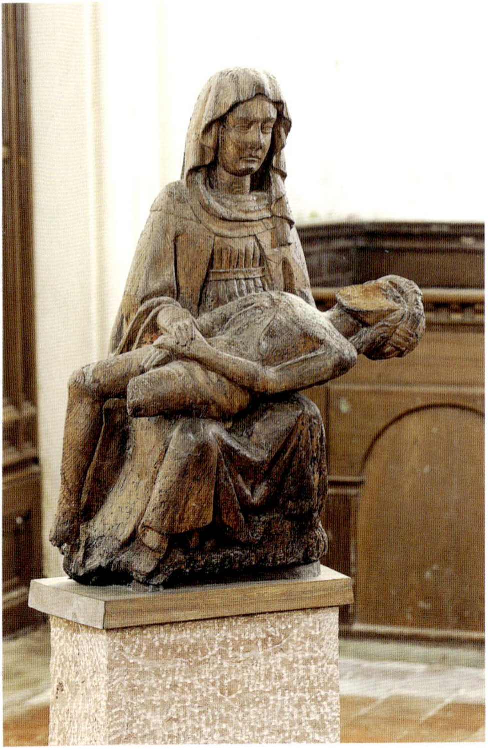

Abb. 46 Pietà aus dem 15. Jahrhundert

Gemalte Köpfe im Chorgewölbe

An der Decke des Chors kann man noch einige Reste der spätmittelalterlichen Ausmalung der Kirche erkennen. Diese wurden im Zuge der in den 70er Jahren des 20. Jahrhunderts erfolgten Renovierungsarbeiten freigelegt. Man erkennt in den Zwickeln, den mit Ornamenten abgesetzten Gewölberippen, direkt neben den Lüftungslöchern **groteske Gesichter** mit einem weit aufgerissenen Mund. Einige sind durch ihre Kopfabdeckungen als Bischöfe, Kardinäle oder Magister zu erkennen, die den sich in der Kirche versammelnden Personen etwas zurufen.

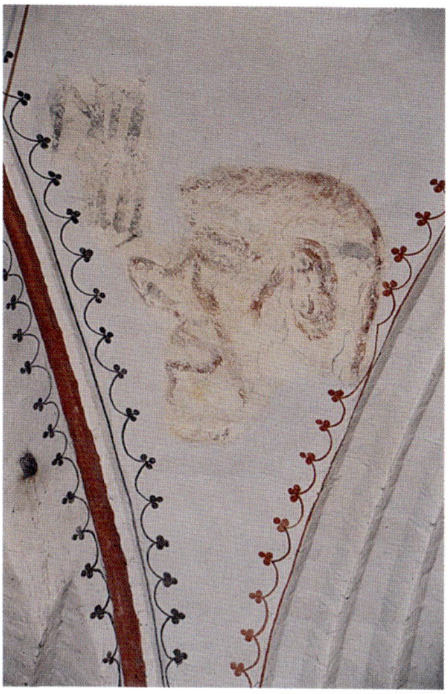

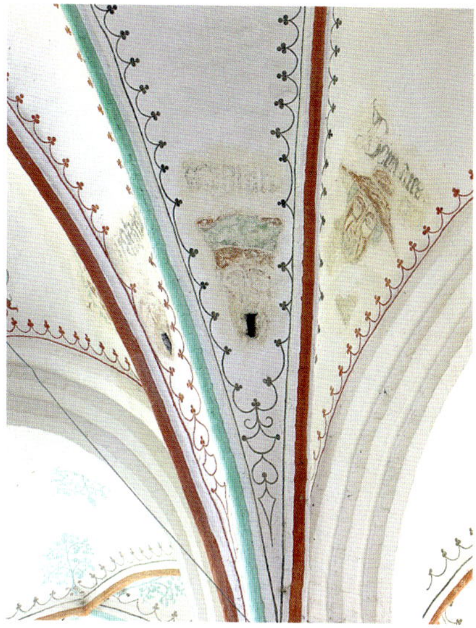

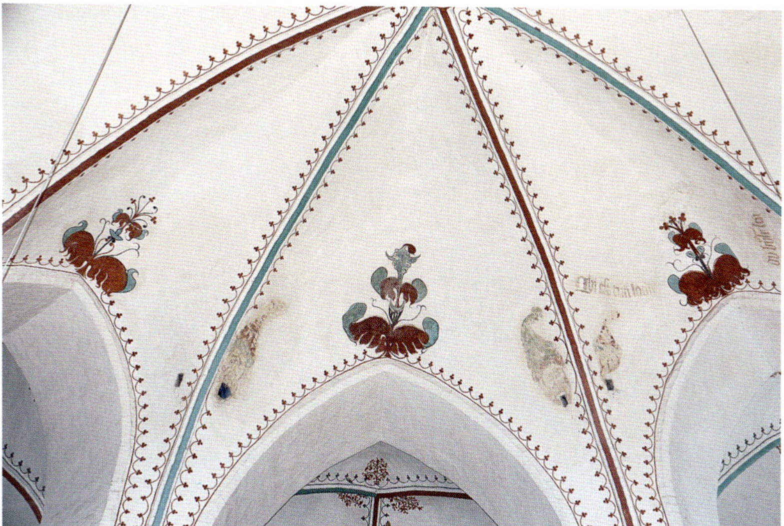

Abb. 47–49 Groteske Gesichter im Gewölbe des Chorraumes

Chorumgang

An der Nordostseite des Chorumgangs befindet sich ein **Beichtstuhl** aus der Mitte des 18. Jahrhunderts. Analog zu diesem war ein zweiter an der Südostseite des Chorumgangs aufgestellt, was man an den dortigen Fußbodenfliesen noch gut erkennen kann. Der jetzt noch vorhandene war dem leitenden Geistlichen, dem Präpositus der Marienkirche zugeordnet.

Rechts neben dem Beichtstuhl befindet sich eine an der Wand aufgerichtete **Grabplatte**, die an den 1464 verstorbenen Geistlichen Johannes Klinckenberch erinnert, der noch vor der Reformation seinen Dienst in der Marienkirche getan hat. Diese Kalksteinplatten wurde Ende des 19. Jahrhunderts längs in zwei Teile geschnitten, später aber wieder zusammengesetzt und hier an dieser Stelle aufgestellt. In den Ecken befinden sich Medaillons mit den Symbolen der vier Evangelisten, in der Mitte die Figur des Verstorbenen im Priestergewand. Dieser hält einen Kelch mit

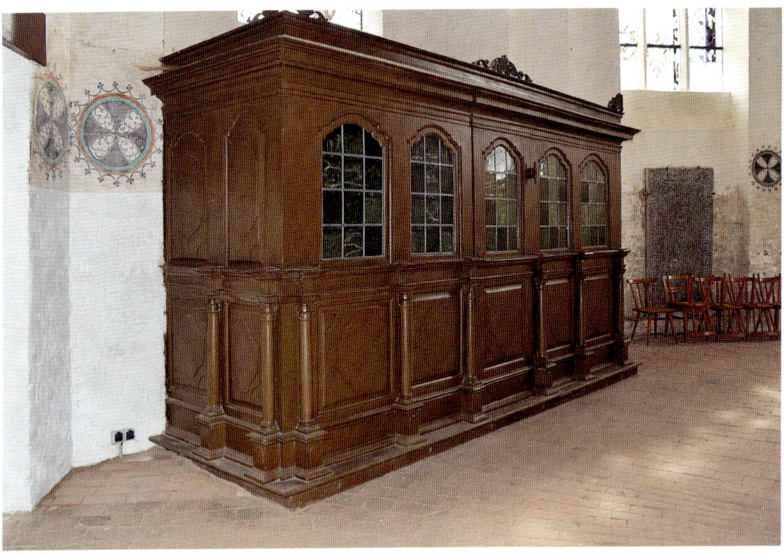

Abb. 50 Beichtstuhl im Chorumgang, Mitte des 19. Jahrhunderts

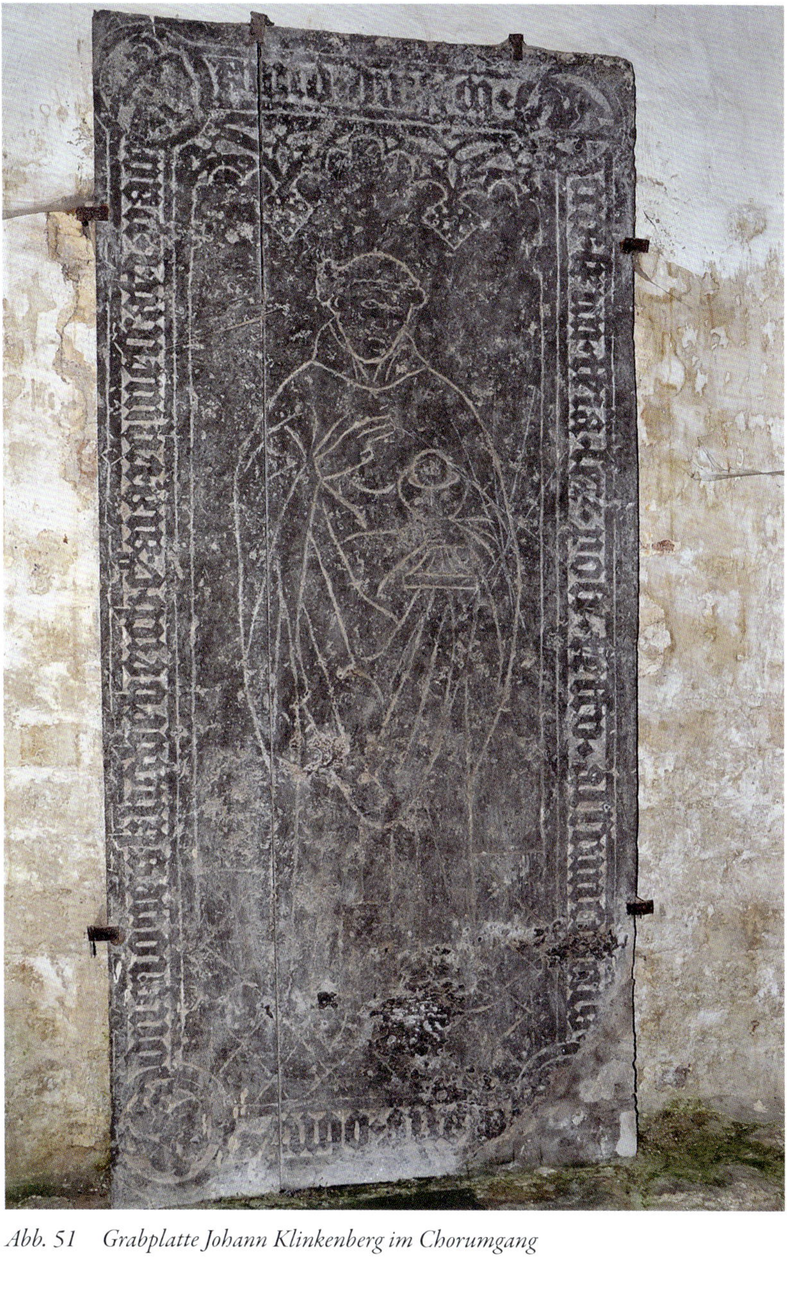

Abb. 51   Grabplatte Johann Klinkenberg im Chorumgang

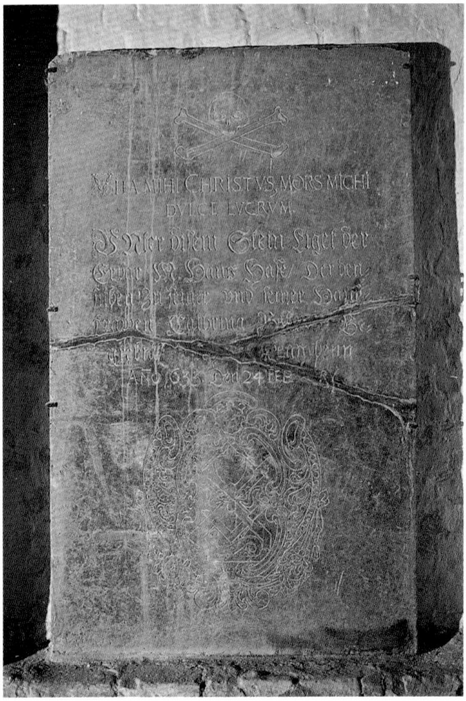

Abb. 52 Grabplatte für Hans Hase und Cathrina Behm

Hostie in seiner linken Hand. Die auf dem Grabstein in Latein verfasste Inschrift lautet: »*Im Jahr des Herrn 1464 am Freitag nach Mariae Himmelfahrt starb Herr Johannes Klingenberg. Seine Seele ruhe in Frieden.*«

Direkt daneben befindet sich eine weitere an der Wand aufgerichtete **Grabplatte,** welche uns an Hans Hase und Cathrina Behm erinnert. Das Ehepaar hatte einst den Predigerstuhl mit den zwei noch erhaltenen schönen Bildtafeln gestiftet. Auf dieser Platte kann man die Darstellung eines Schädels erkennen, weiterhin eine Kartusche mit Handwerkssymbolen, dazu Inschriften in deutscher und lateinischer Sprache. Die Arbeiten an den Inschriften wurden am 24. Februar 1633 abgeschlossen.

Diesen kann man entnehmen, dass Hans Hase und seine Frau Cathrina Behm einst unter diesem Stein gelegen haben. Die in Latein verfasste Inschrift ist ein Bibelvers aus dem Philipperbrief, Kapitel 1, Vers 21: »*Christus ist mein Leben, Sterben mir ein süßer Gewinn.*« Weiterhin befindet sich ein Wappen auf dieser Platte, welches einen Zirkel, Winkel und Hobel enthält, was als Hinweis darauf zu verstehen ist, dass Hans Hase von Beruf ein Tischler gewesen sein muss.

Raum der Stille

An der Nordseite des Chorumgangs befindet sich die alte Sakristei, ein Anbau aus dem 15. Jahrhundert, welcher heute als Raum der Stille genutzt wird. Der obere Teil, welchen man über eine Treppe erreicht, wurde früher für die Unterweisung der Konfirmanden genutzt. Heute ist dort das Archiv der Kirchengemeinde untergebracht.

Der **Raum der Stille** wurde in meiner Amtszeit neu konzipiert, um Besuchern und Besucherinnen der Kirche und den in der Pfarrscheune untergebrachten Pilgernden die Möglichkeit zu gewähren, in einem geschützten Raum mit Gott und sich selbst in Beziehung treten zu können. An der Nordseite erkennt man die Ansätze von zwei kleinen Fensteröffnungen aus der Zeit des Mittelalters. Vor die jeweils zwei Fenster an der Ost- und Westseite wurden Kunstglasfenster in Metallrahmen gesetzt, die Thomas Kuzio[27] gestaltet hat. Er hat dabei ein kräftiges Blau als Grundton für die Gestaltung der Fenster gewählt, als weitere Farben Schwarz, Gelb und Rot.

Wer in diesem Raum wirklich die Stille sucht, wird zweifelsohne auch mit den dunklen Seiten des eigenen Lebens in Berührung kommen, wofür die schwarzen Flecken in den Fenstern stehen. Und da, wo Menschen an Schuld und Versagen im Leben erinnert werden, braucht es Vergebung, wofür das Rot in den Fenstern steht – als Zeichen für das für uns vergossene Blut Jesu Christi. Aber über allem, was unser Leben ausmacht, steht die Hoffnung, wofür der Grundton Blau in den Fenstern steht, weil Gottes Liebe und sein Erbarmen zu uns Menschen niemals ein Ende hat. Sein Licht leuchtet, wofür das Gelb in den Fenstern steht, gerade im Dunkel unseres Lebens.

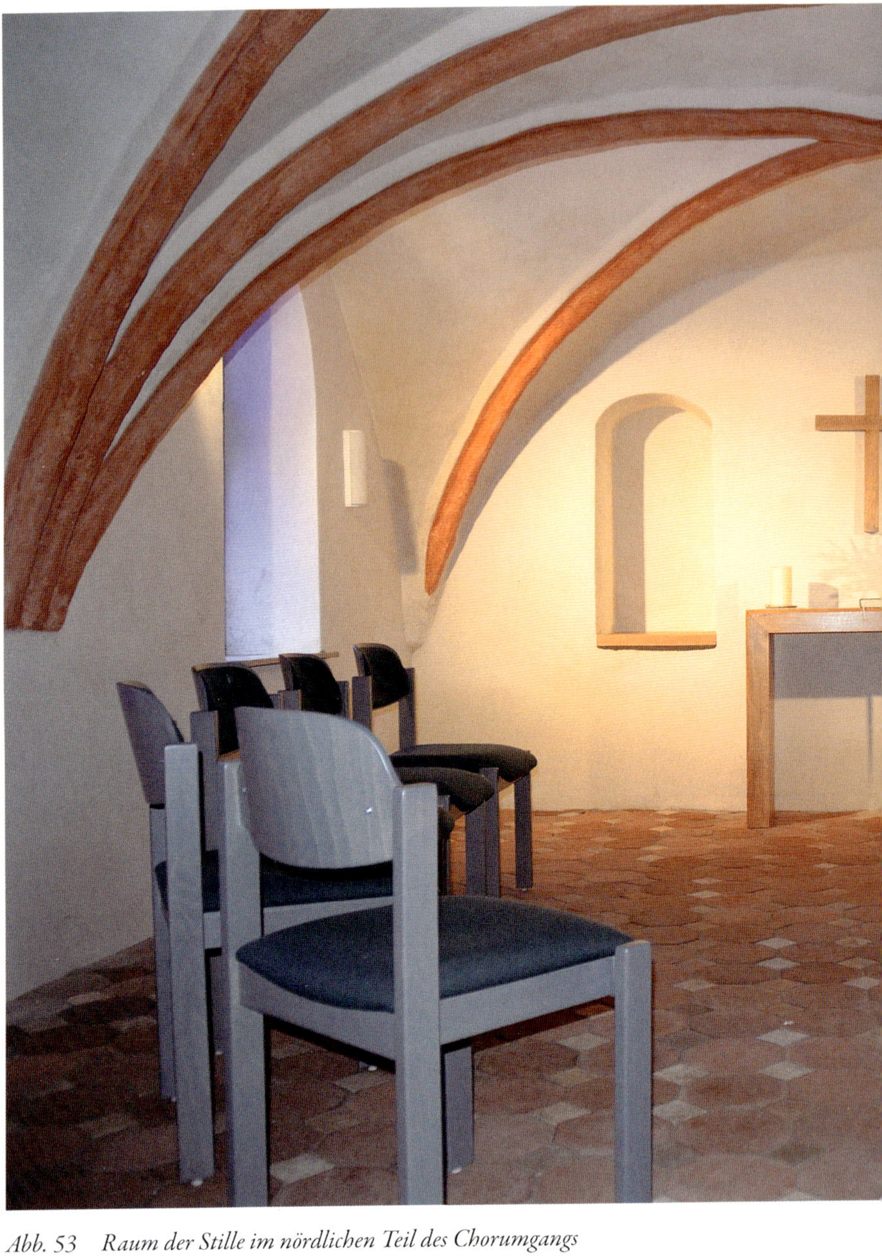

Abb. 53 Raum der Stille im nördlichen Teil des Chorumgangs

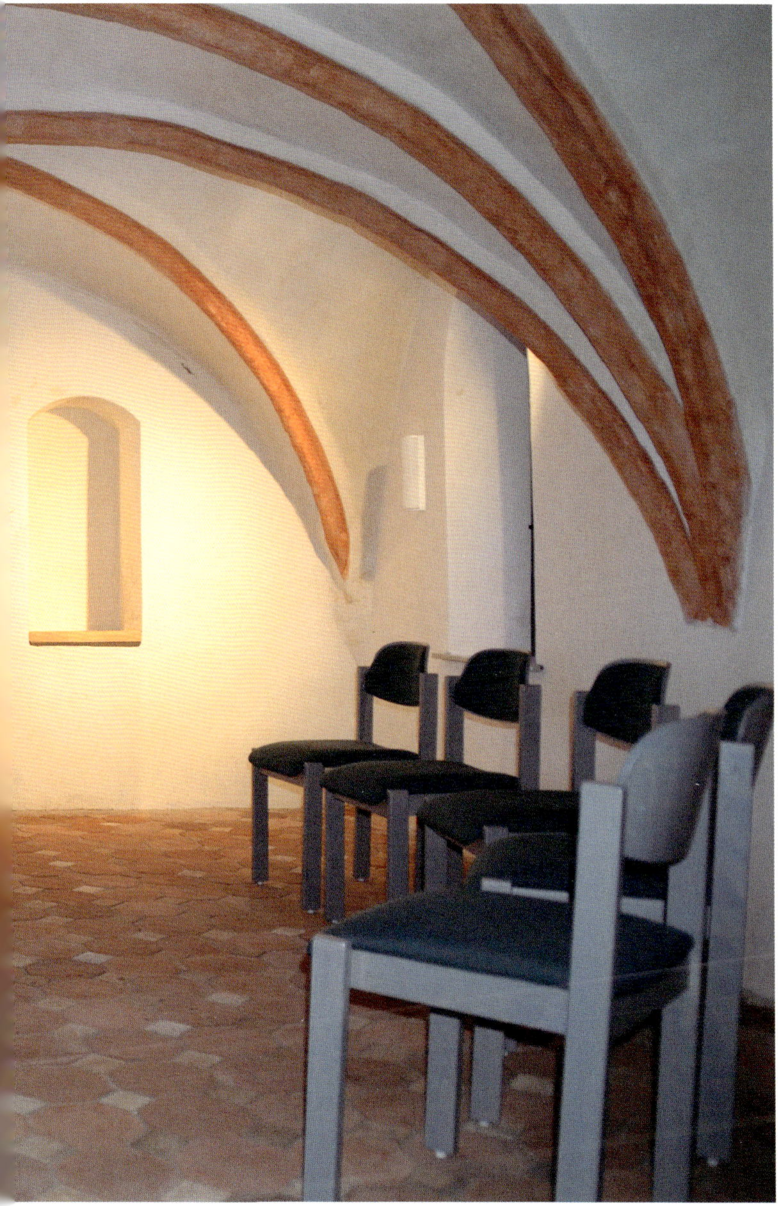

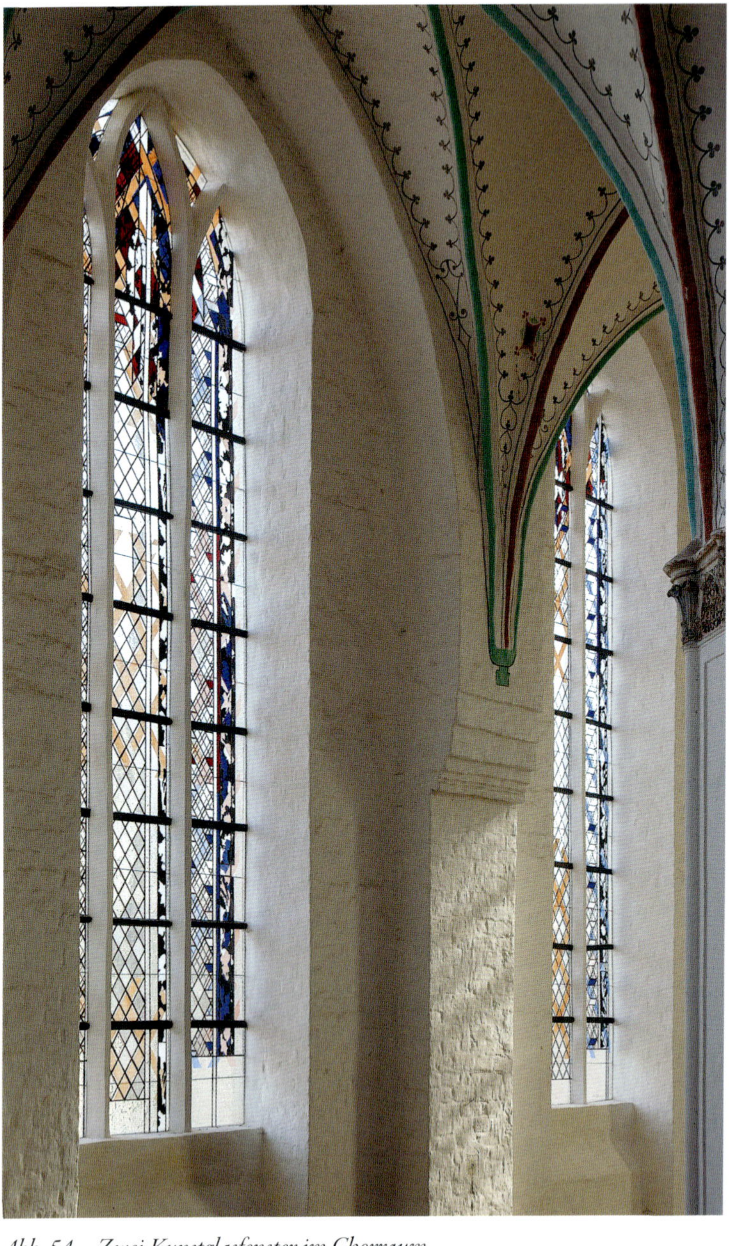

Abb. 54 Zwei Kunstglasfenster im Chorraum

DIE NEUEN KUNSTGLASFENSTER IN DER MARIENKIRCHE

Mit der neogotischen Umgestaltung des Inneren im 19. Jahrhundert verlor die Marienkirche ihre bis dahin farbenfrohe mittelalterliche Ausmalung. Anstelle dieser wurde ein festes Gestühl im Hauptschiff, eine Schrankenwand im Chor und eine Empore in Holz eingebaut, welche mit einer dunklen Lasur versehen wurden. Damit erhielt die Kirche eine Schwere, was durch die Farblosigkeit der Fenster noch einmal verstärkt wurde. Diese waren bei meinem Amtsantritt in einem alles andere als guten Zustand, so dass eine Neuverglasung dieser anstand. Hier war mir wichtig, auf eine Buntverglasung zuzugehen, um dem Kircheninneren wieder zu einer gewissen Leichtigkeit und Farbigkeit zu verhelfen. In Thomas Kuzio begegnete uns ein Glaskünstler, der ein Gespür für die Marienkirche und unsere Anliegen erkennen ließ, so dass daraus ein konstruktives Zusammenwirken erwuchs. Nach der Gestaltung der Fenster im Raum der Stille, auf welche ich bereits eingegangen bin, entwarf er die Fenster für den Chor, in welchem die Reste noch vorhandener Farben der letzten mittelalterlichen Ausmalung zu erkennen sind. Das Hauptschiff der Marienkirche dagegen enthielt keinerlei Farbigkeit mehr. Die Wände und Säulen waren in einem schlichten Weiß getüncht, so dass hier ganz andere Möglichkeiten der Gestaltung gegeben waren, die Thomas Kuzio in einer beeindruckenden Weise nutzte. Er gestaltete die Fenster mit einem hohen künstlerischen Geschick, in einer Vielfalt an Farben und dennoch individuell und verschieden. Bei Sonneneinstrahlung verwandelt sich der Kirchenraum dadurch nun in ein buntes Farbenspiel, womit die bis dato vorherrschende Schwere durchbrochen wird. Somit ist mit dieser Neuverglasung der Fens-

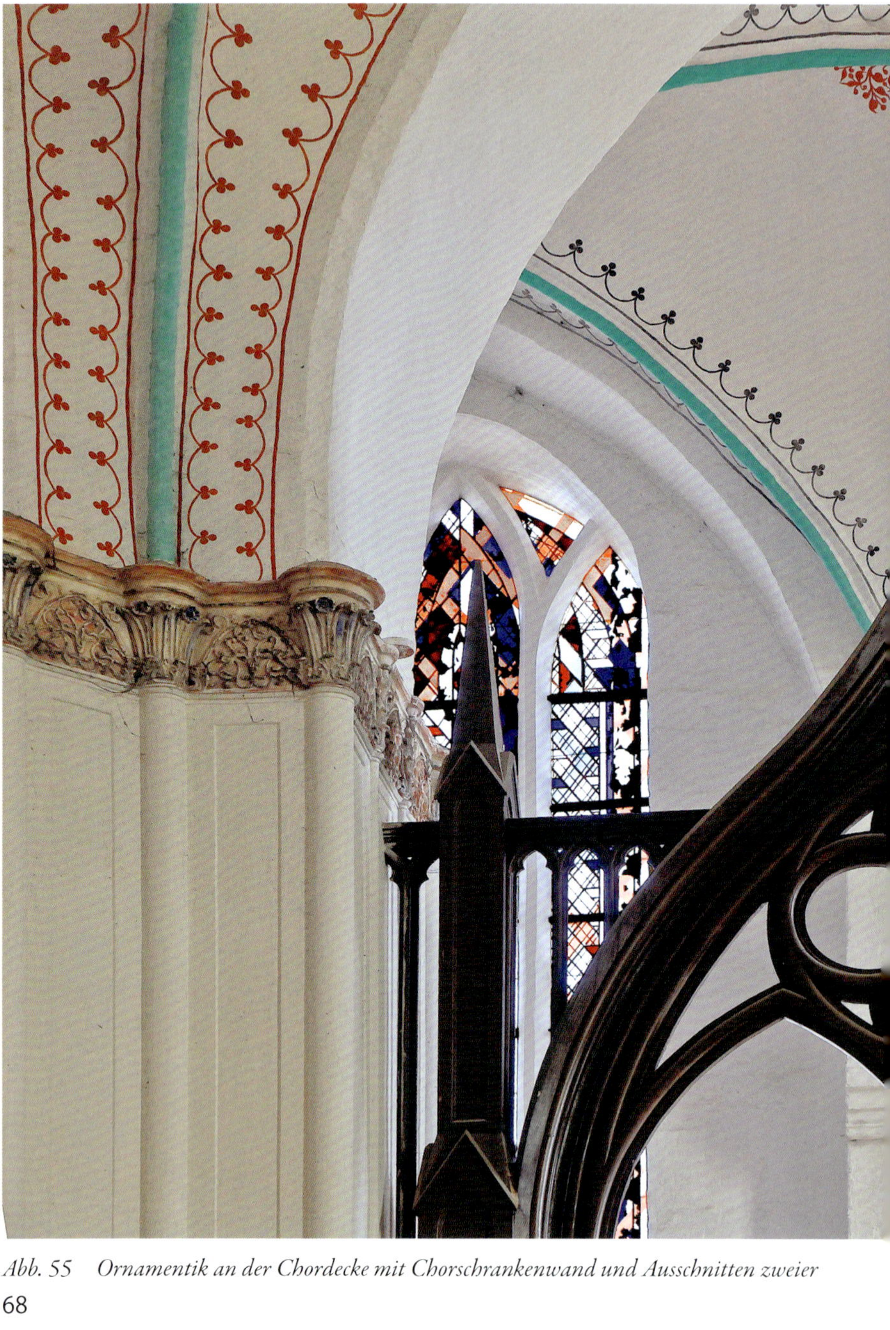

Abb. 55 Ornamentik an der Chordecke mit Chorschrankenwand und Ausschnitten zweier

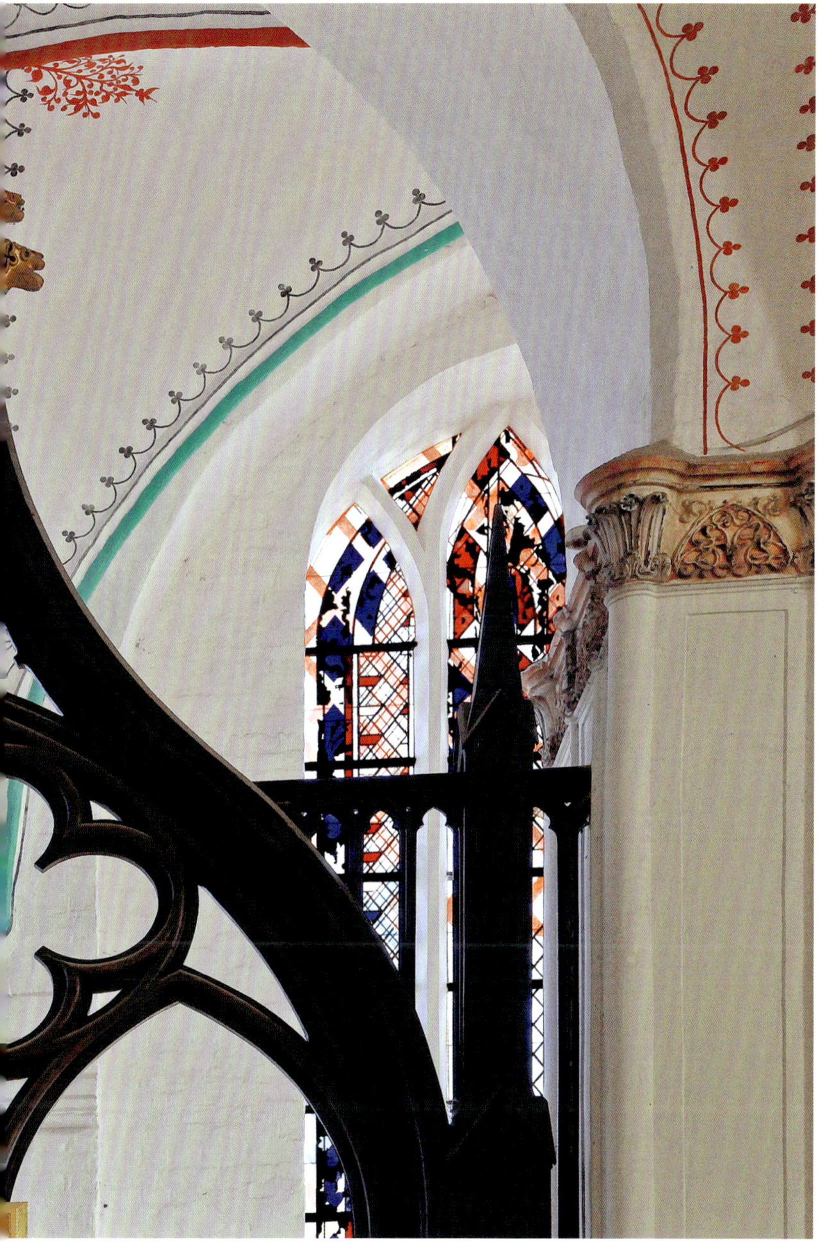

Kunstglasfenster

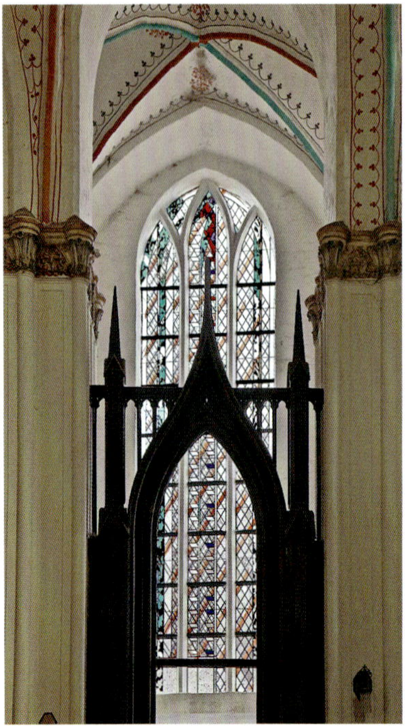

Abb. 56–58 Fenster im Chorraum

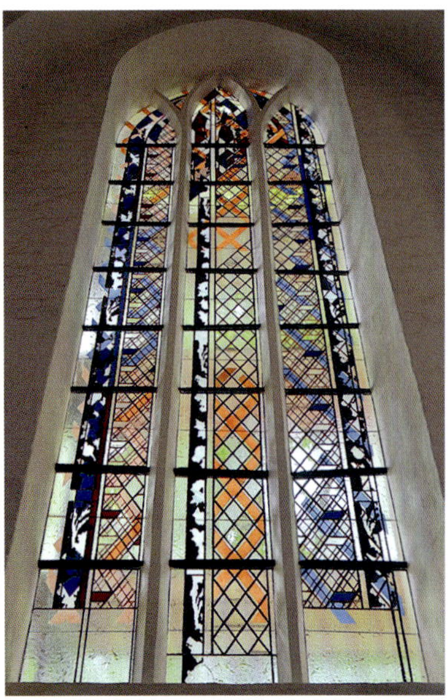

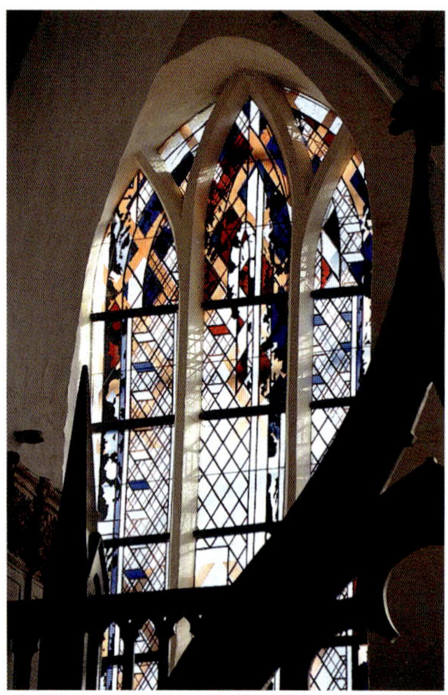

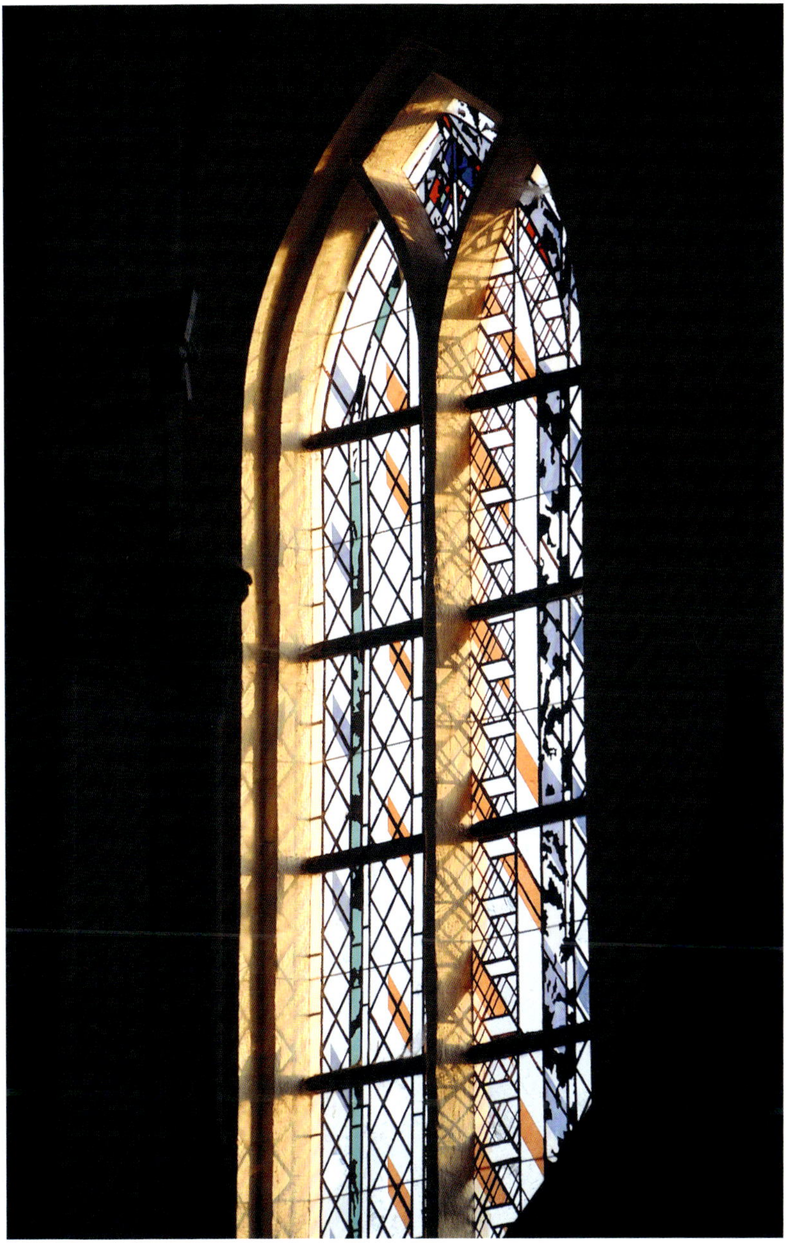

Abb. 59 Fenster im Chorraum

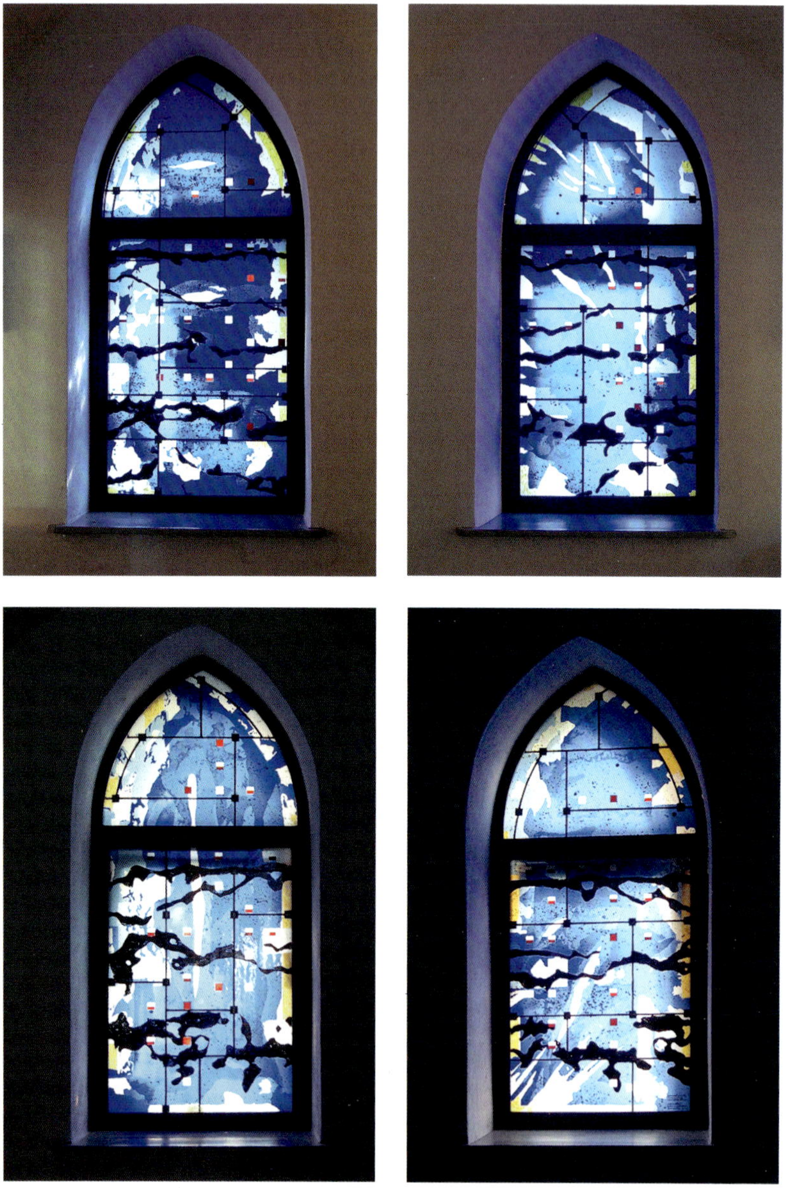

Abb. 60–63 Vier Kunstglasfenster im Raum der Stille

ter aus Kunstglas eine umfassende Veränderung im Innenraum der Kirche eingetreten, die es in dieser Weise seit der Umgestaltung im 19. Jahrhundert nicht mehr gegeben hat. Weitere Fenster, welche Thomas Kuzio künstlerisch entworfen hat, sind die beiden vor der Mauritiuskapelle. Hier hat Kuzio auf die Farben der neoklassizistischen Gestaltung der Vorhalle zurückgegriffen und diese in die künstlerische Gestaltung dieser Fenster integriert. Für die drei Fenster am Westportal der Marienkirche hatte er freie Hand, da die Turmhalle weiß gekalkt ist, so dass er hier kräftige Farben verwendet hat.

Mit der Erneuerung des großen Westportalfensters wurde zudem eine Glasspiegelwand installiert, welche sich an der vom Eingang gegenüberliegenden Wand der Turmhalle befindet. Somit wird den Besuchern der Kirche das große Westportalfenster in all seiner Schönheit und Farbigkeit bereits beim Eintritt in die Kirche präsentiert.

Die Entwürfe für die letzten noch zu erneuernden vier Fenster in der Turmhalle liegen vor. Sollte es gelingen, diese zeitnah nach den Entwürfen von Thomas Kuzio erneuern zu lassen, hätte die Marienkirche eine neue Kunstverglasung aller 29 Fenster aus dem 21. Jahrhundert, deren künstlerischen Wert vermutlich erst Generationen nach uns erkennen werden.

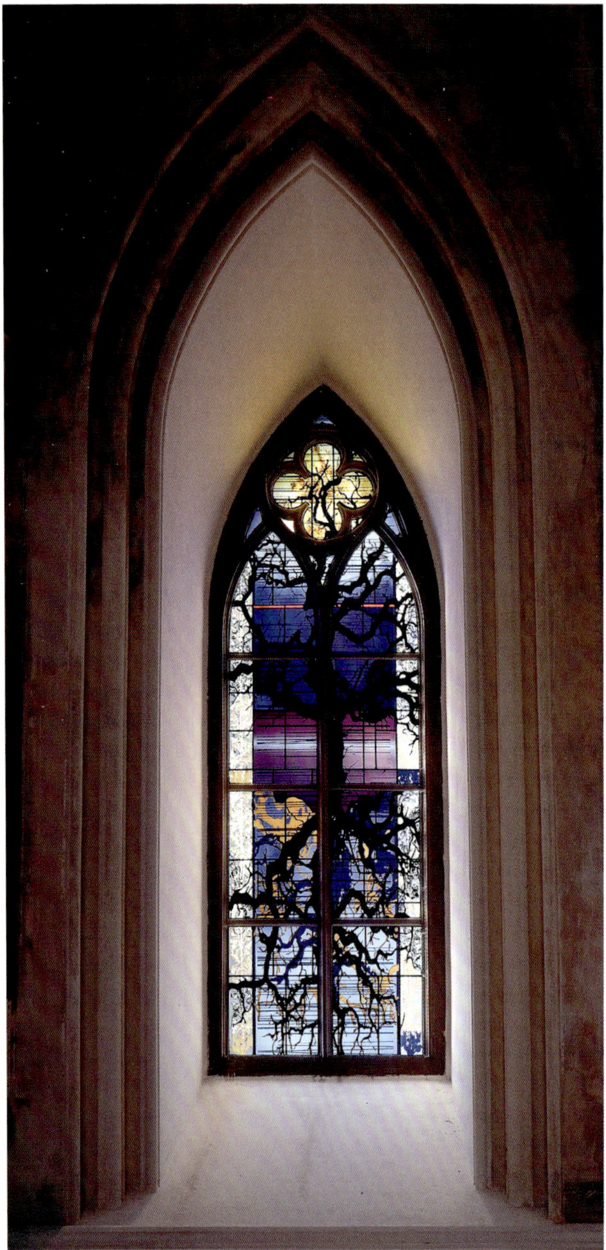

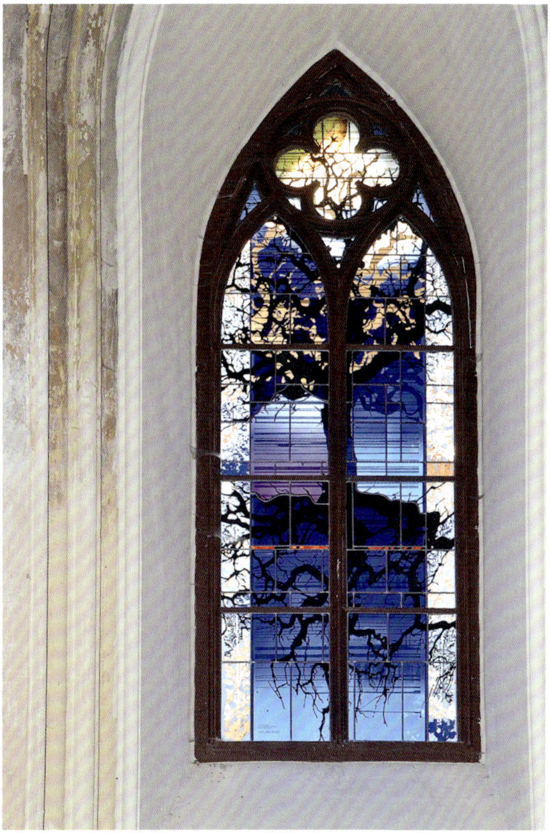

Abb. 65 Fenster an der Ostseite vor der Mauritiuskapelle

linke Seite:
Abb. 64 Fenster an der Westseite vor der Mauritiuskapelle

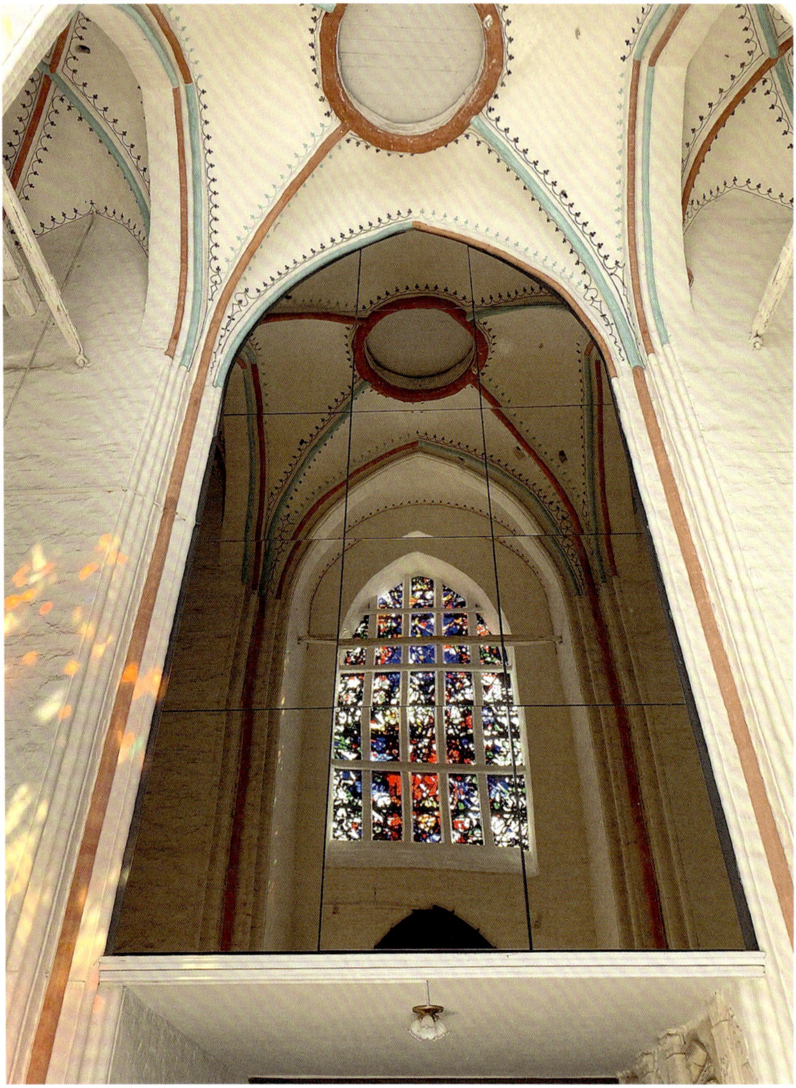

Abb. 66 Spiegelglaswand gegenüber dem Westportalfenster

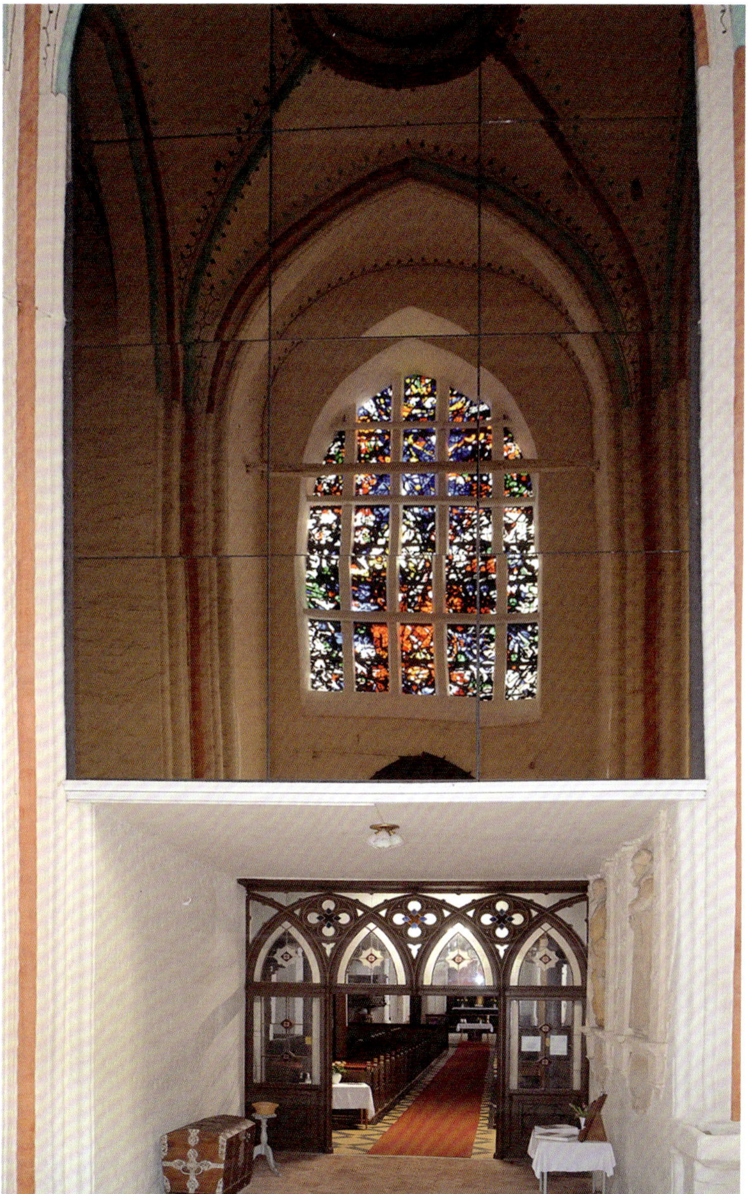

Abb. 67 Blick in die Marienkirche mit Spiegelglaswand in der Turmhalle

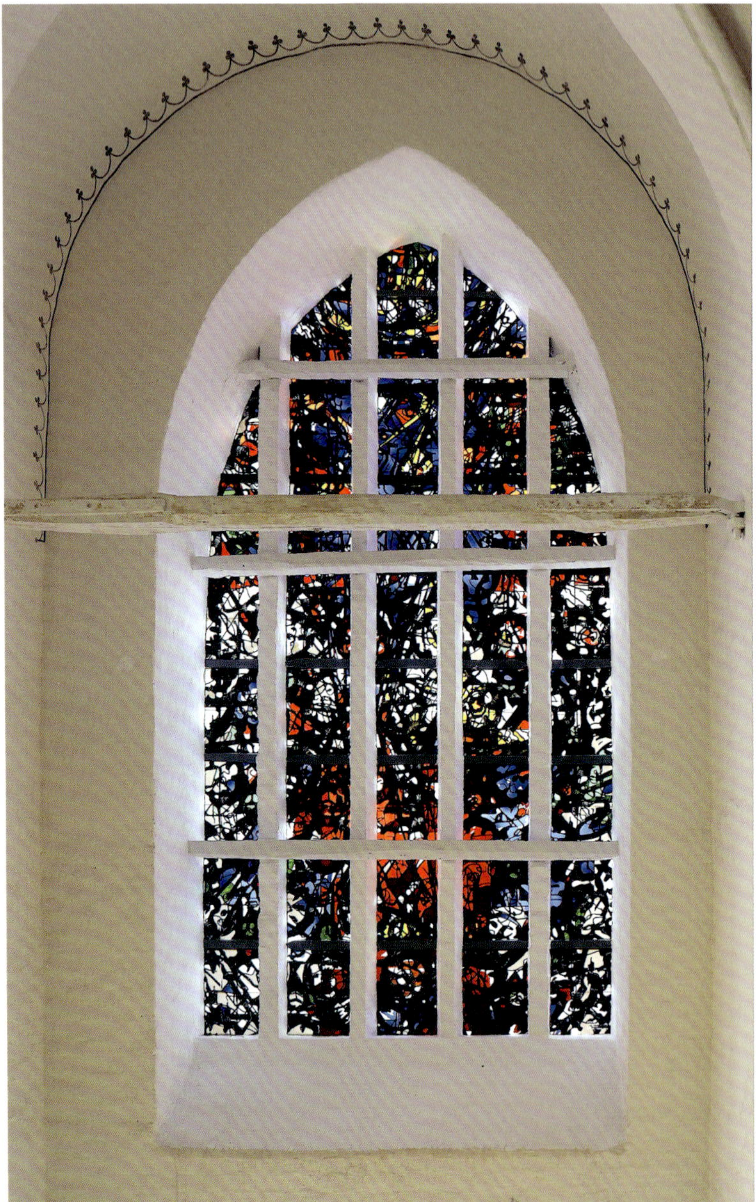

Abb. 68 Großes Westportalfenster

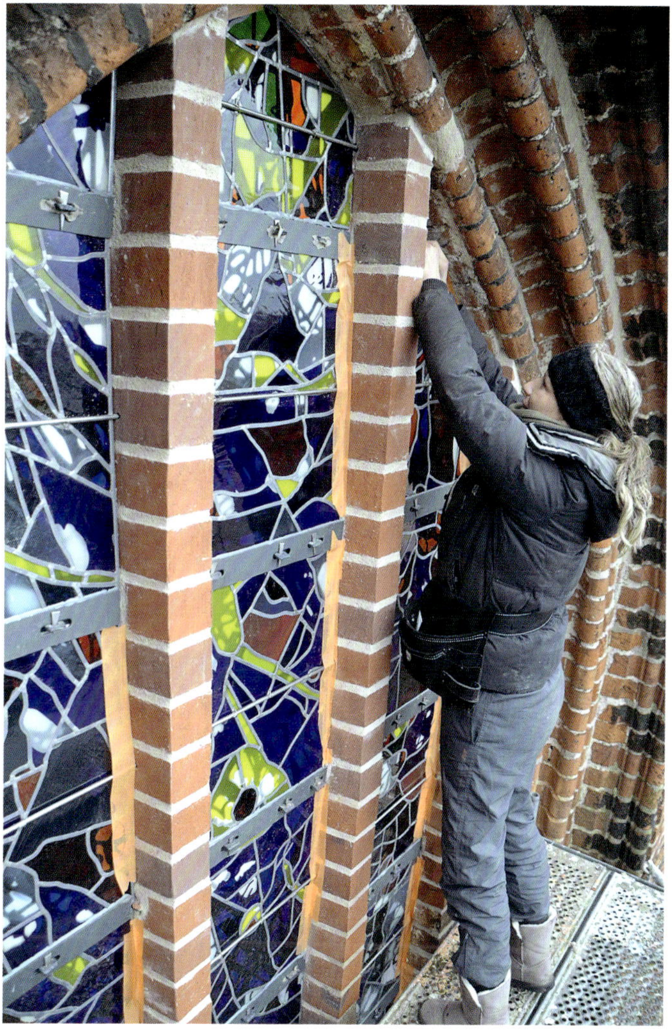

Abb. 69 Westportalfenster außen während des Einbaus

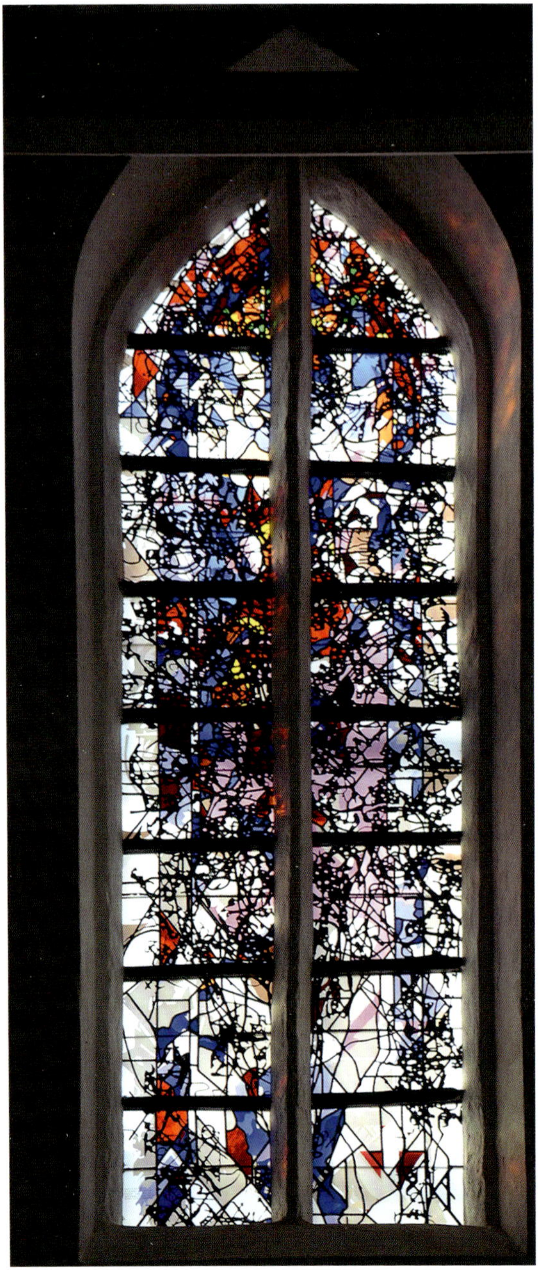

Abb. 70 Fenster an der West-Nordseite der Turmhalle

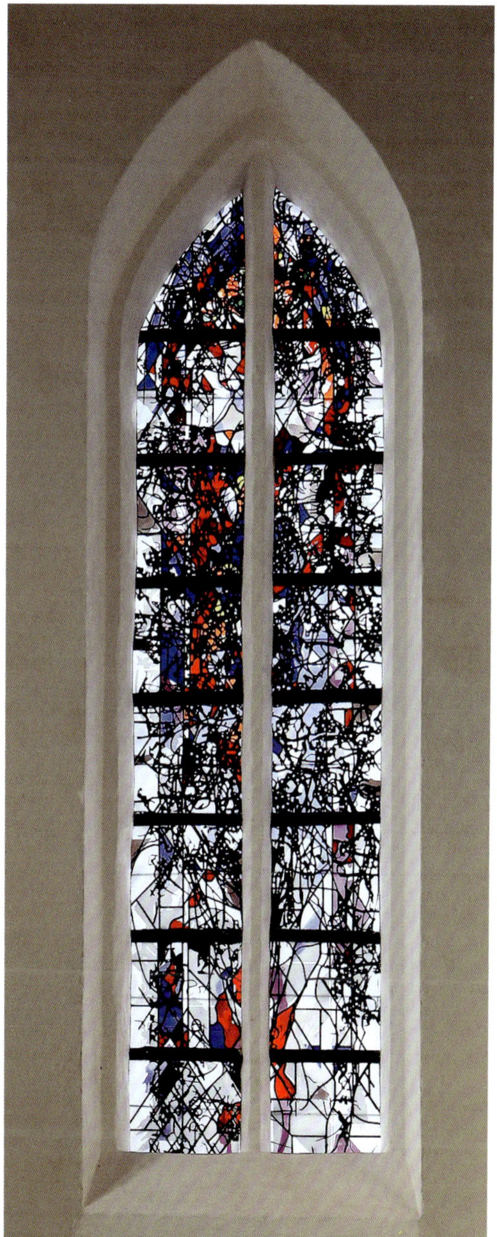

Abb. 71 Fenster an der West-Südseite der Turmhalle

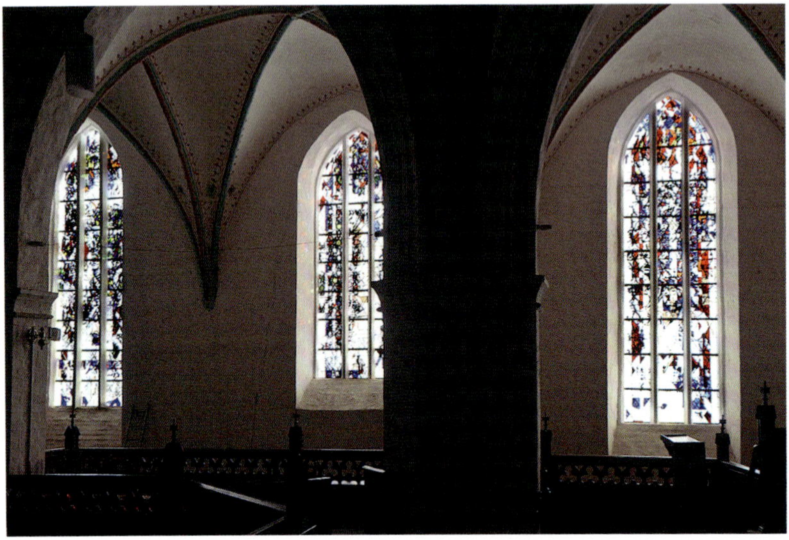

Abb. 72 Drei Kunstglasfenster im Mittelschiff an der Südseite

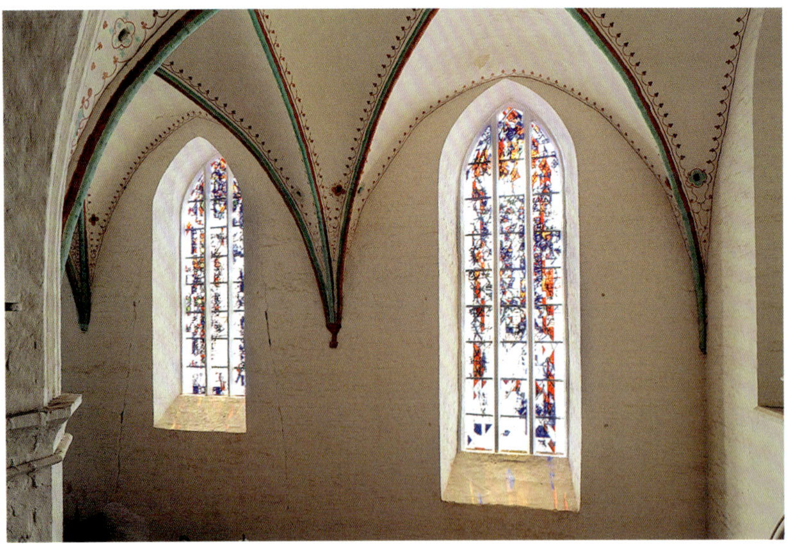

Abb. 73 Zwei Kunstglasfenster im Mittelschiff an der Südseite

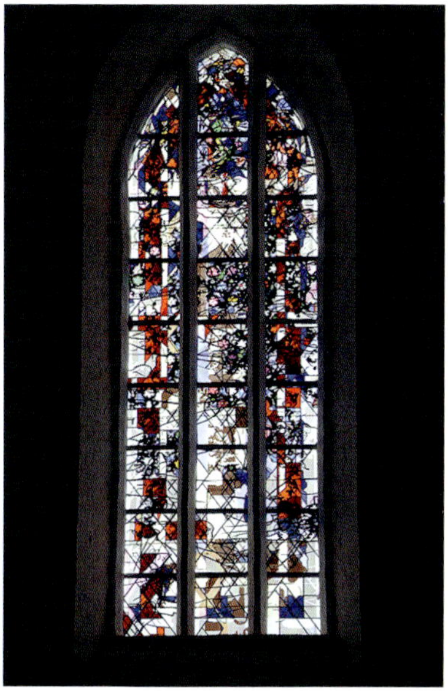

Abb. 74 Fenster 1, Südseite im Mittelschiff

Abb. 75 Fenster 2, Südseite im Mittelschiff

Abb. 76 Fenster 3, Südseite im Mittelschiff

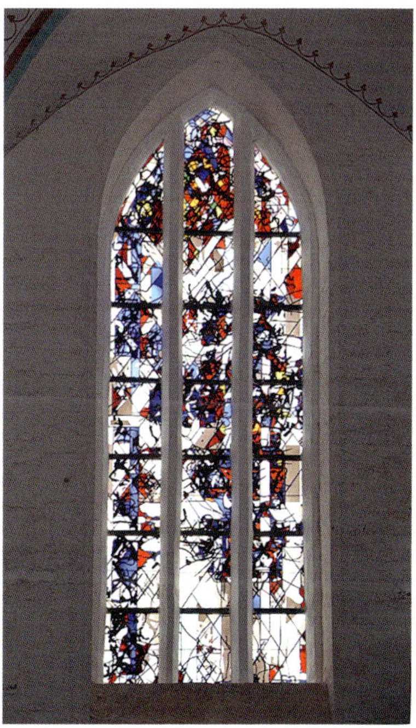

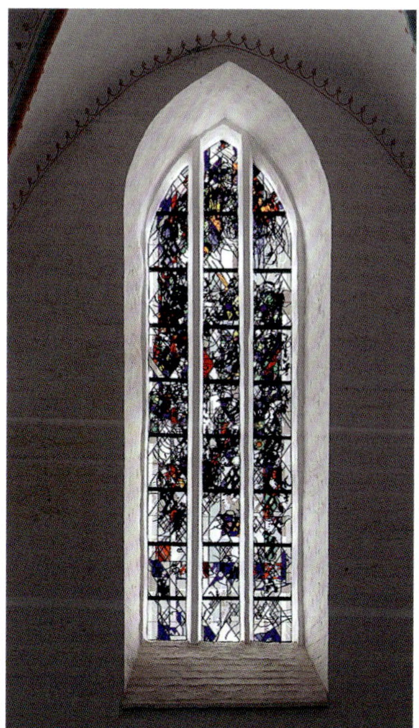

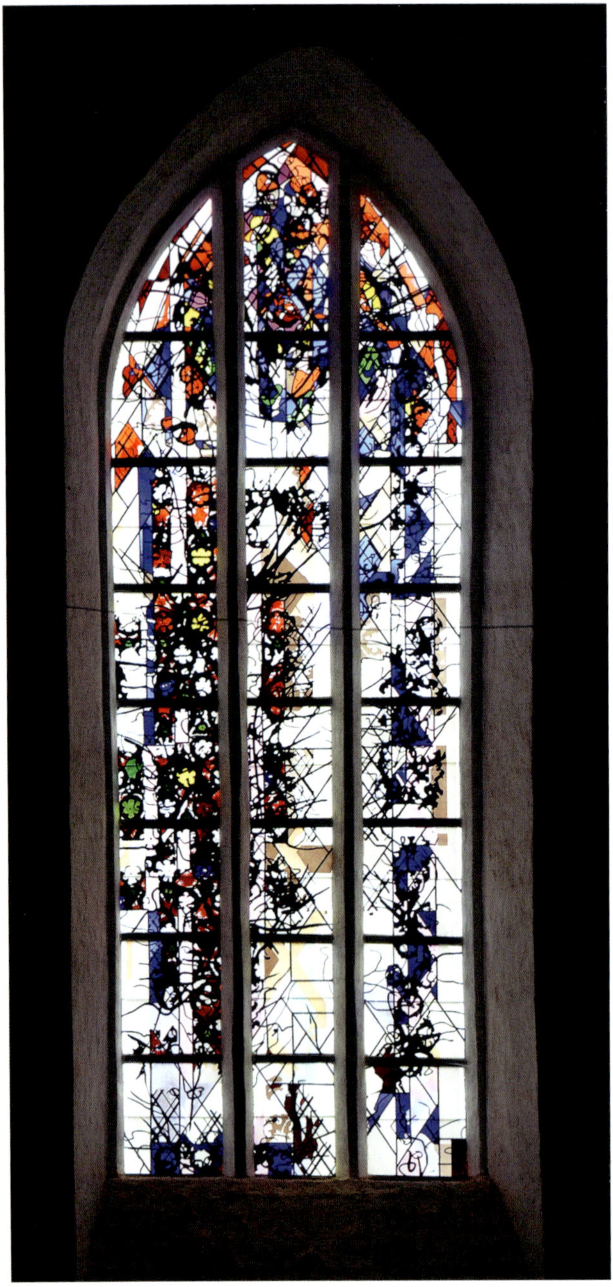

Abb. 77
Fenster 4,
Südseite im
Mittelschiff

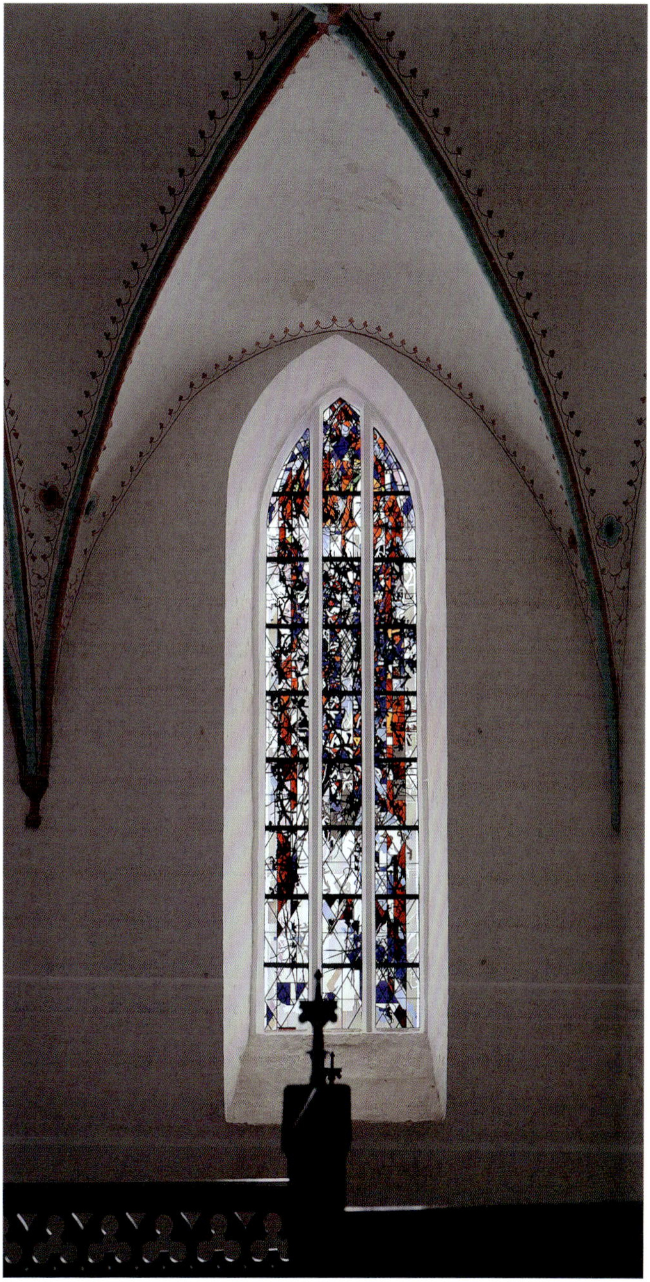

Abb. 78
Fenster 5,
Südseite im
Mittelschiff

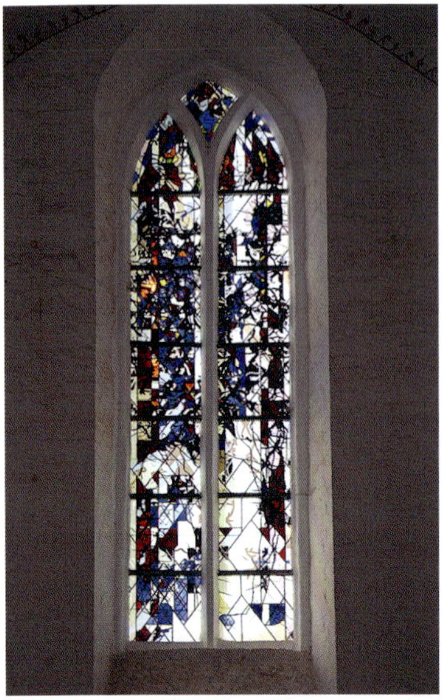
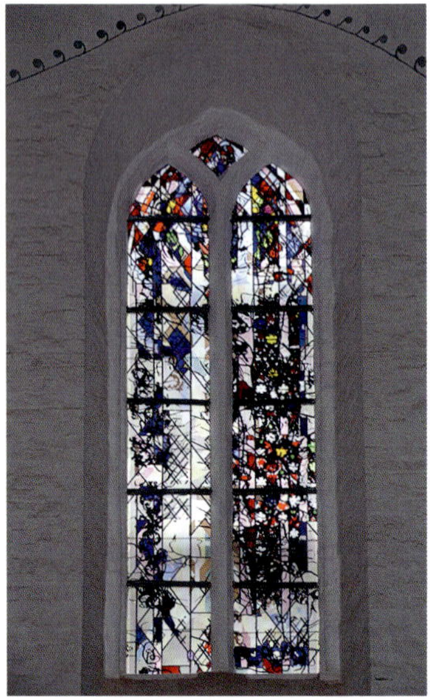
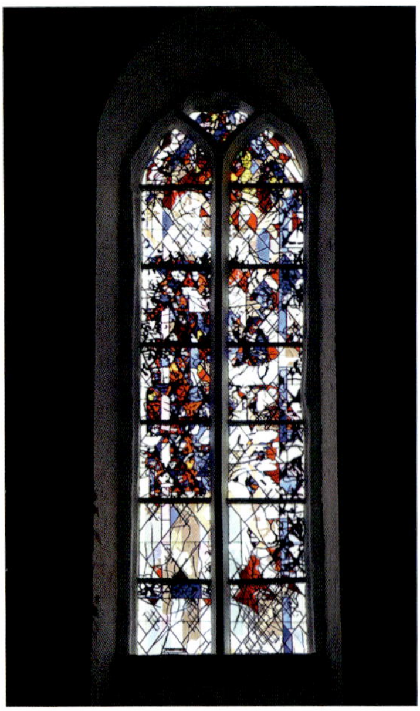
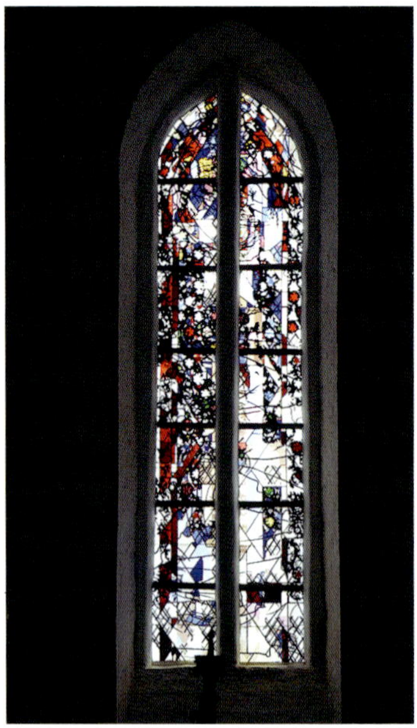

Abb. 79–82 Vier Fenster, Nordseite im Mittelschiff

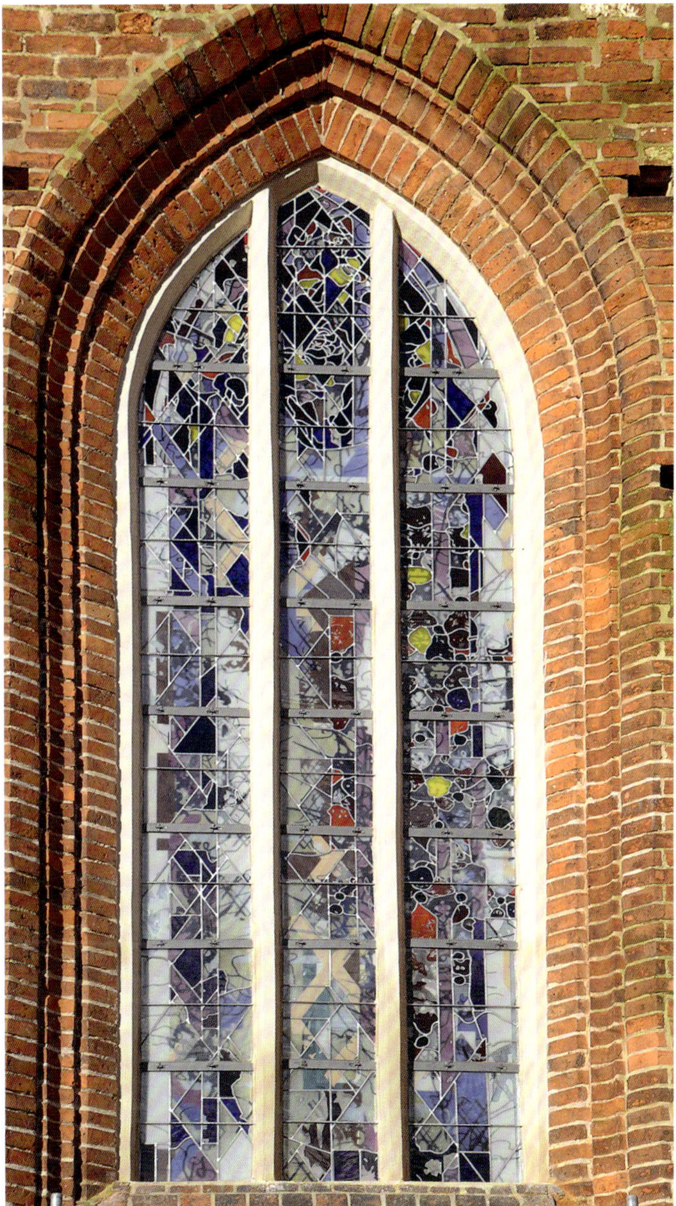

Abb. 83 Kunstglasfenster von außen an der Südseite des Mittelschiffes

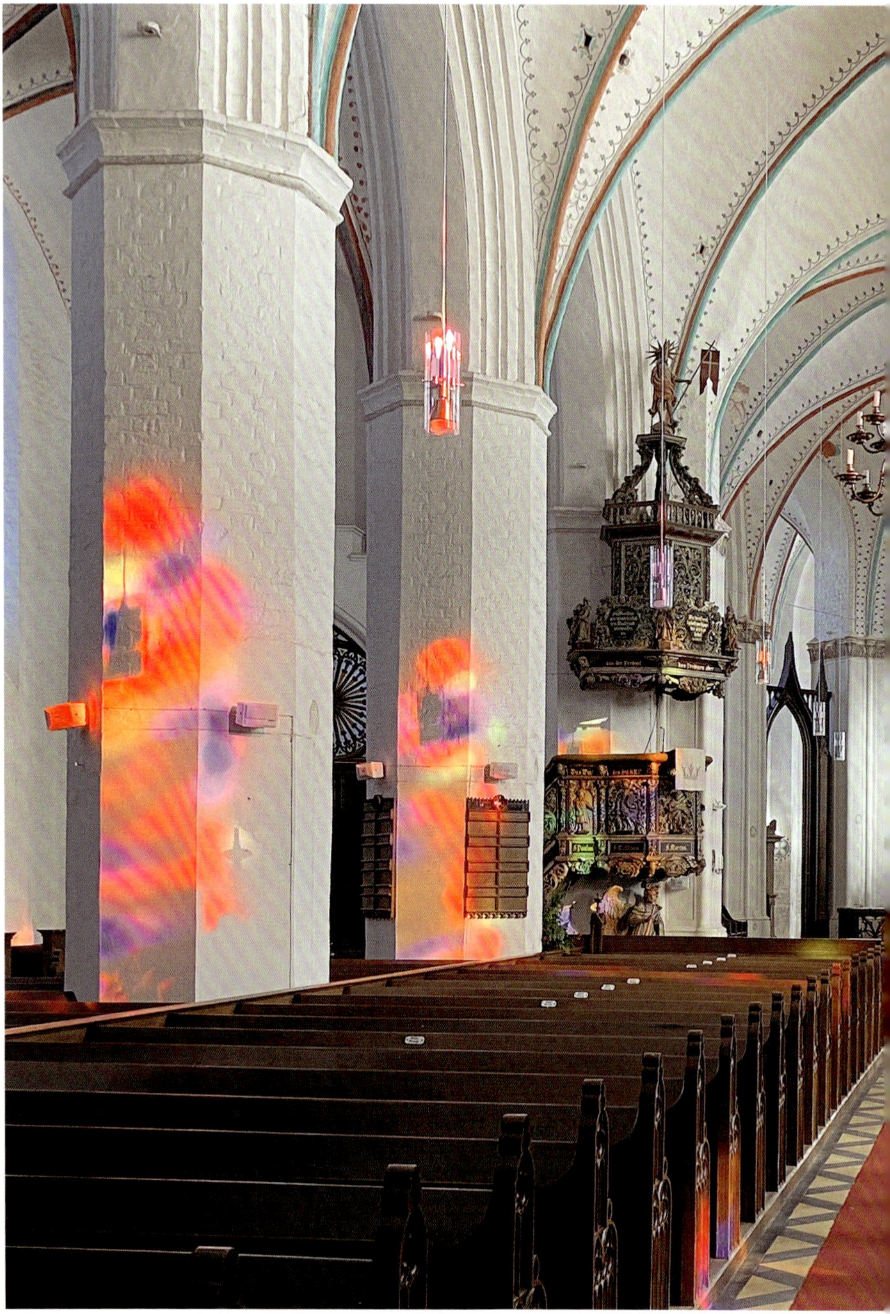

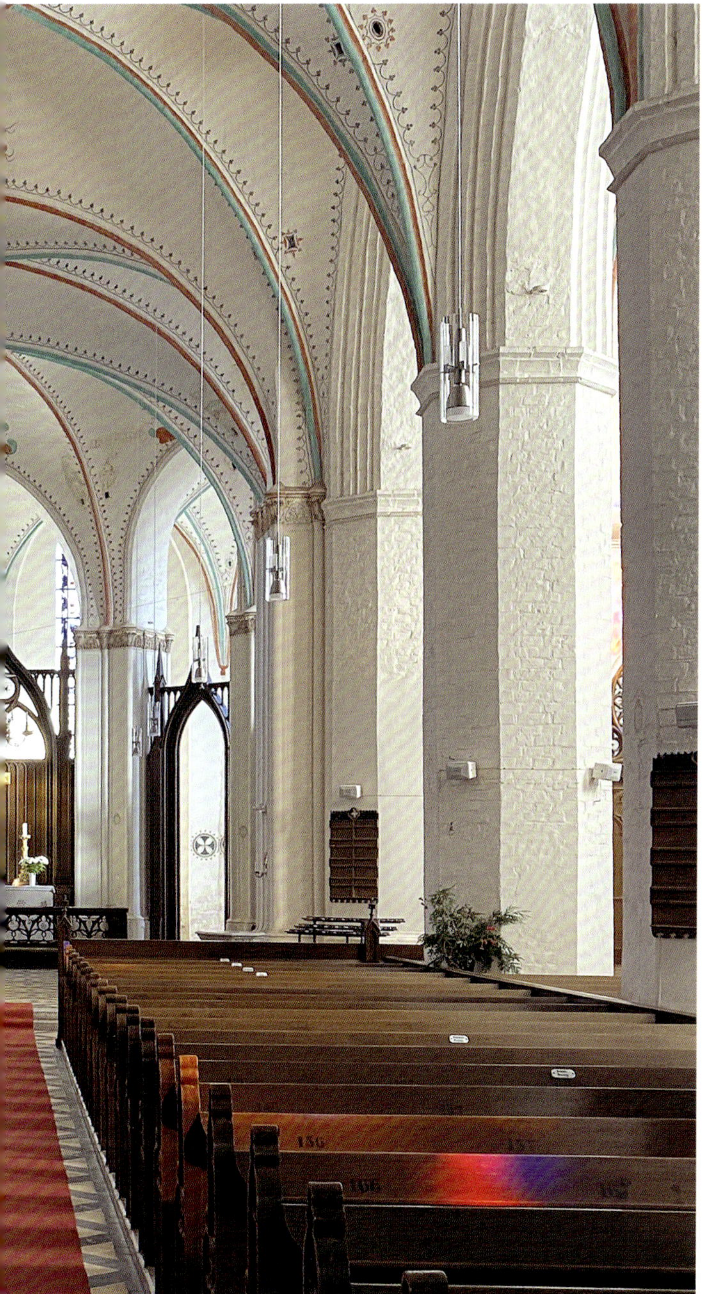

Abb. 84 Farbenspiel durch die Kunstglasfenster im Mittelschiff

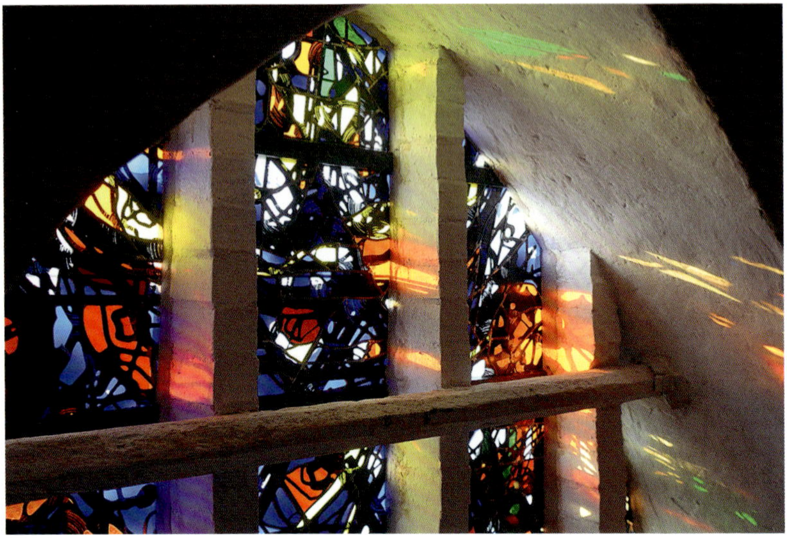

Abb. 85 Farbenspiel im oberen Teil des Westportalfensters

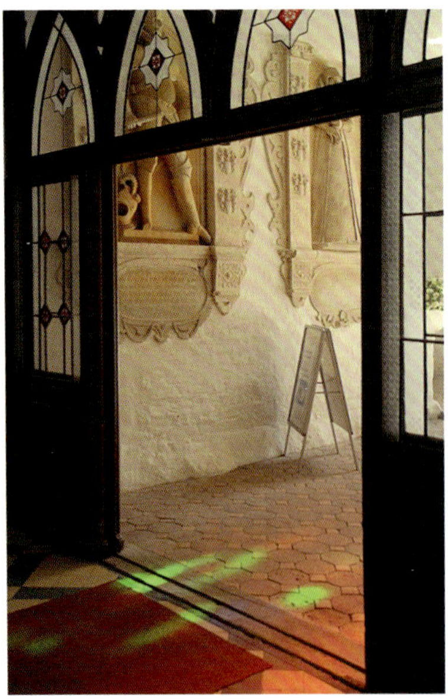

Abb. 86 Farbenspiel im Eingangsbereich der Kirche

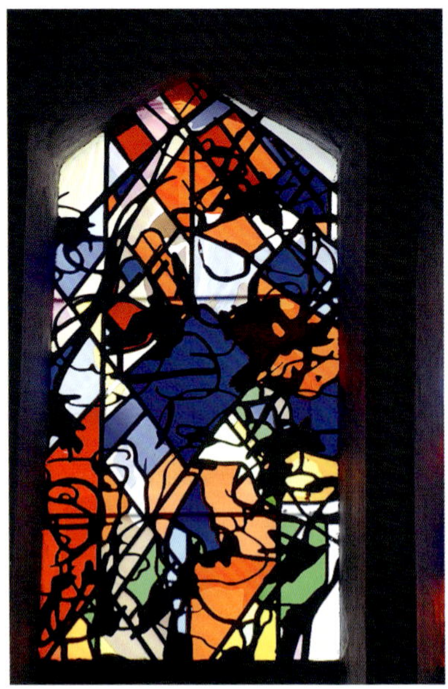

Abb. 87 Farbgestaltung eines Fensters

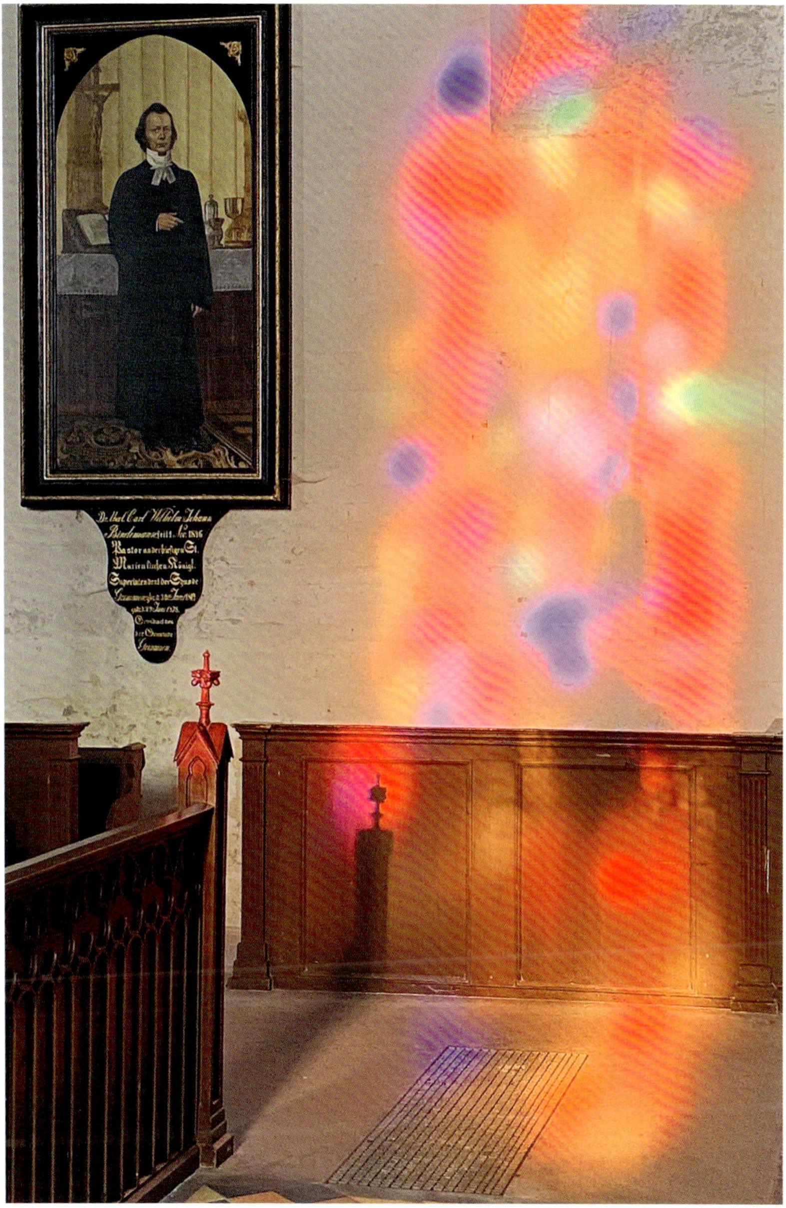

Abb. 88 Farbenspiel an der Nordseitenwand im Kirchenschiff

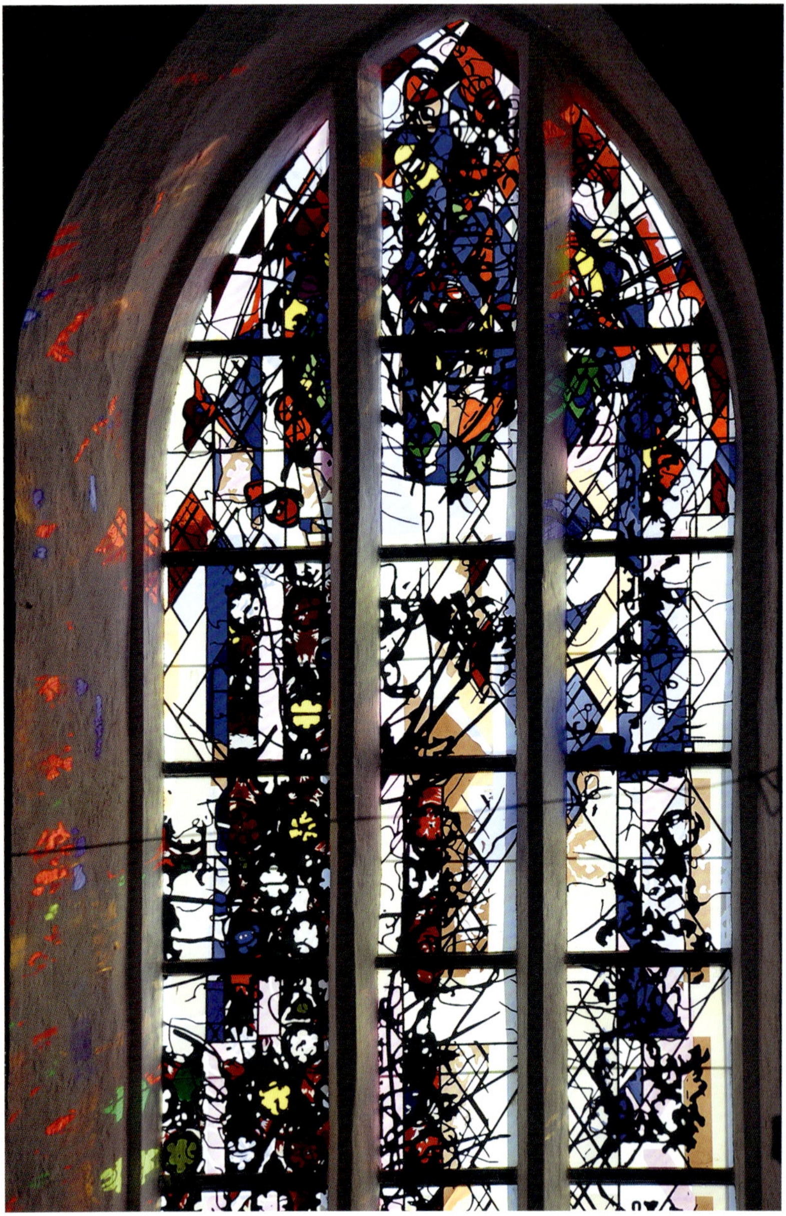

Abb. 89 Farbenspiel an der Laibung eines Fensters im Mittelschiff

RENOVIERUNGSARBEITEN

Als ich 2011 die Pfarrstelle Grimmen antrat, übernahm ich die Verantwortung für die Marienkirche mit einem erheblichen Sanierungsstau. Im Dachstuhl der Nordseite wurde ein Hausschwamm festgestellt, so dass hier Zimmermannsarbeiten in größerem Umfang durchgeführt werden mussten. Die Elektroanlage war völlig überaltert, was eine vollständige Erneuerung selbiger zur Folge hatte. Die alte Sakristei war zu einem Abstellraum umfunktioniert worden und in einem katastrophalen Zustand. Hier wurden die zugemauerten Fenster wieder geöffnet und der Raum wurde grundlegend saniert, um ihn im Anschluss daran als Raum der Stille nutzen zu können. Alle 29 Fenster in der Marienkirche warteten dringend auf eine Erneuerung, welche dann – bis auf vier Fenster – in sechs Bauabschnitten zwischen 2013 und 2024 erfolgt ist. Das Besondere daran ist, dass alle neu gestalteten Fenster mit Kunstglas versehen worden sind.

Aber auch am Inventar der Marienkirche war dringender Handlungsbedarf geboten. Die noch vorhandenen vier Pastorenbildnisse waren stark beschädigt und wurden zwischen 2014 und 2016 restauriert; des Weiteren die vom Holzwurm befallene Bildtafel des Gekreuzigten Christus, der stark beschädigte triumphierende Christus auf dem Schalldeckel der Kanzel und der vor dem Verfall stehende Beichtstuhl, welcher im Chorumgang aufgestellt ist. Im Jahr 2022 wurde die Beleuchtung in der Kirche erneuert und die beiden Öffnungen der Chorschrankenwand wurden geschlossen. Außerdem wurden die Türen an der Süd- und Nordseite des Chorraumes von einem Tischler überarbeitet. Zu guter Letzt standen umfangreiche Sanierungsarbeiten an der vom Holzwurm befallenen Voigt-Orgel an, welche 2023 erfolgten.

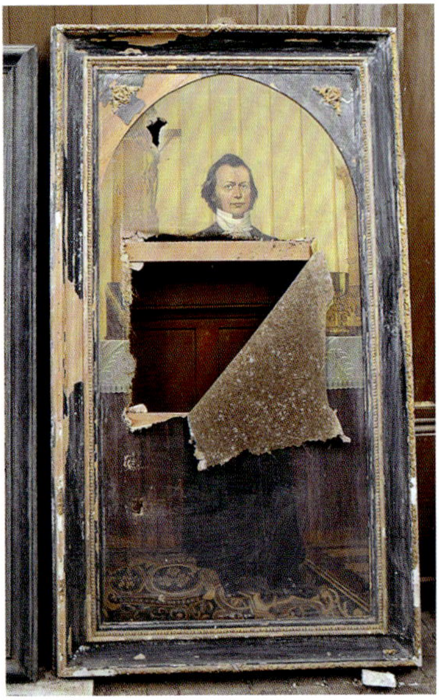

Abb. 90 Pastorengemälde Bindemann, Zustand 2013

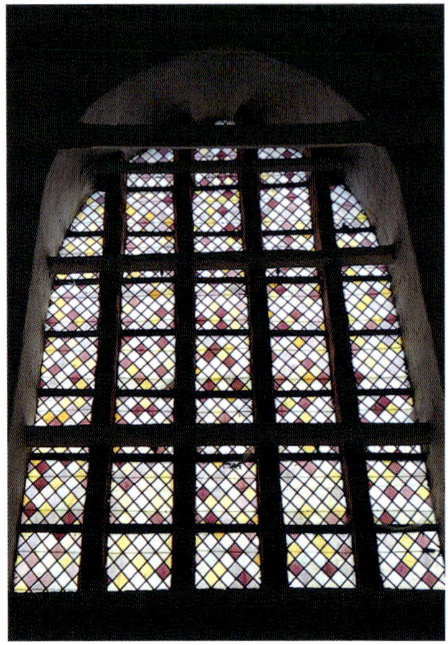

Abb. 91 Portalfenster innen, Zustand 2019

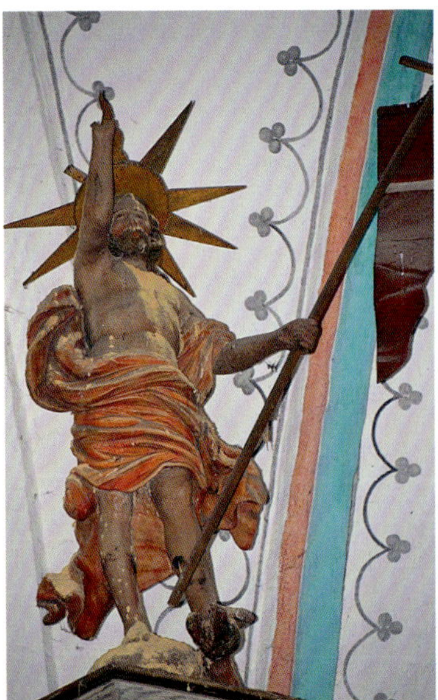

Insgesamt wurden während meiner Amtszeit 1,4 Millionen Euro in den Erhalt der Grimmer Marienkirche investiert, wofür wir Zuwendungen erhalten haben vom Bund, dem Land Mecklenburg-Vorpommern, der Dr. August Oetker Stiftung, der Friede Springer Stiftung, der Dr. Weisbrod-Russ-Stiftung sowie von privaten Spendern, denen wir allen zu großem Dank verpflichtet sind.

Abb. 92 Thronender Christius mit starken Holzwurmbefall, Zustand 2016

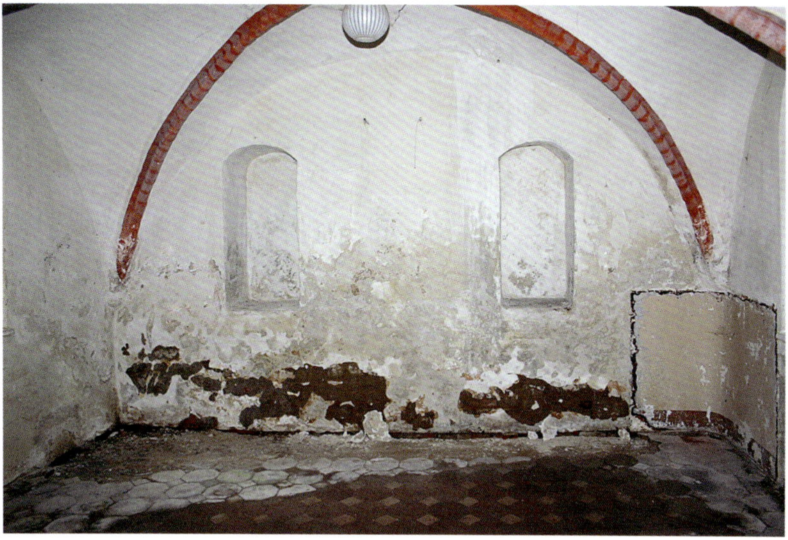

Abb. 93 Raum der Stille, Zustand 2012

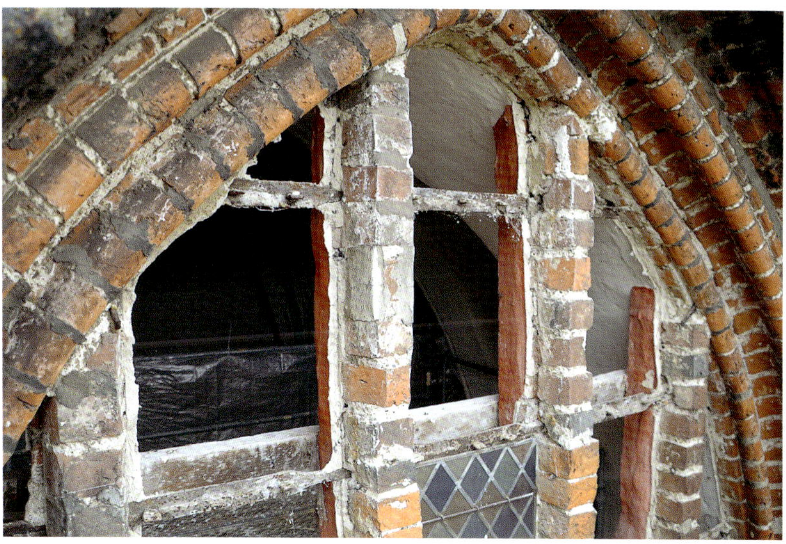

Abb. 94 Äußere Schäden am Portalfenster

Geistliche, die in der Marienkirche zu Grimmen[28] tätig gewesen sind:[29]

1270	Helmerich, Pleban[30]
1278	Konrad, Pleban
1311–1343	Dietrich Speckin, Pleban
1348	Willekin Pantelitz, Pleban
1366	Heinrich Husmann, Priester und Lehrer
1367	Dietrich Caesaris, Pleban
1382	Dietrich Westfalen, Pleban
1382	Johannes Bymeden, Pleban
1423–1436	Henning Kosse, Pleban
1449	Heinrich Voss, Pleban
1464	Johannes Klinckenberch, Pleban
1486	Heinrich Promnitz, Pleban
1520	Johannes Buck, Pleban
1530	Nikolaus Boytin, Vikar
1532	Liborius Schwichtenberg, Pleban
um 1535	Nikolaus Niemann, Vikar[31]
um 1535	Nikolaus Virsche, Meßpriester
um 1535	Nikolaus Petri, Vikar
um 1535	Johannes Murrick, Vikar
um 1535	Johannes Bardt, Vikar
um 1535	Simon Saethke, Vikar
um 1535	Johannes Gultzemann, Vikar
um 1535	Heinrich Möller, Vikar
um 1535	Johannes Klodtmann, Vikar
um 1535	Nikolaus Schole, Vikar
um 1535–1538	Peter Grothe, Vikar
um 1535–1538	Heinrich Plötze, Vikar
um 1535–1538	Brixius Storm, Vikar
um 1535–1538	Nikolaus Schomaker, Vikar
um 1535–1538	Johannes Bekemann, Vikar
um 1535–1538	Henning Plötze, Vikar

um 1535–1536	Johann Hövet, Kaplan, Vikar
um 1535–1538	Johann Spelckow, Vikar
um 1535–1538	Heinrich Glöde, Vikar
1538	Heinrich Schmidt, Vikar
1538	Nikolaus Schmidt, Vikar

Im Zuge der Reformation erfolgte 1536 die erste Kirchenvisitation in Grimmen. Ab sofort sind es nun Evangelische Geistliche:

1536–1564	Nicolaus Gildemeister, Pleban und Präpositus[32]
1544	Peter Hase, Diakon[33]
1550	Bartholomäus Pilike, Diakon
1550	Ludolf Smidt, Diakon
1560–1586	Mauritius Schultz (Schulte), Diakon, später Präpositus
1565–1587	Jacob Domrid, Kaplan
1565–1602	Jacob Deuten, Diakon, später Präpositus
1588–1625	Matthias Rubach, Diakon, später Präpositus
1603–1613	Eustachius Voss, Diakon
1614–1644	Bernhard Alberti, Diakon, später Präpositus
1623	Joachim Hinrichs, Diakon
1609 – 1629	Michael Lothmann, Kantor, Rektor und Diakon
1630–1631	Johann Walther, Diakon
1632	Caspar Helm, Diakon
1645–1663	Joachim Viccius, Pfarrer und Präpositus
1646–1676	Johann Flittner, Diakon
1665–1673	Bartholomäus Battus, Pfarrer und Präpositus
1674–1676	Christian Wangerin, Präpositus
1680–1694	Joachim Krisovius, Pfarrer und Präpositus
1690–1713	Matthias Thuring, Diakon
1695–1712	David Friedrich Gerdes, Präpositus
1713–1745	Johann Christian Behrends, Diakon
1714–1725	Eberhard Fischer, Präpositus

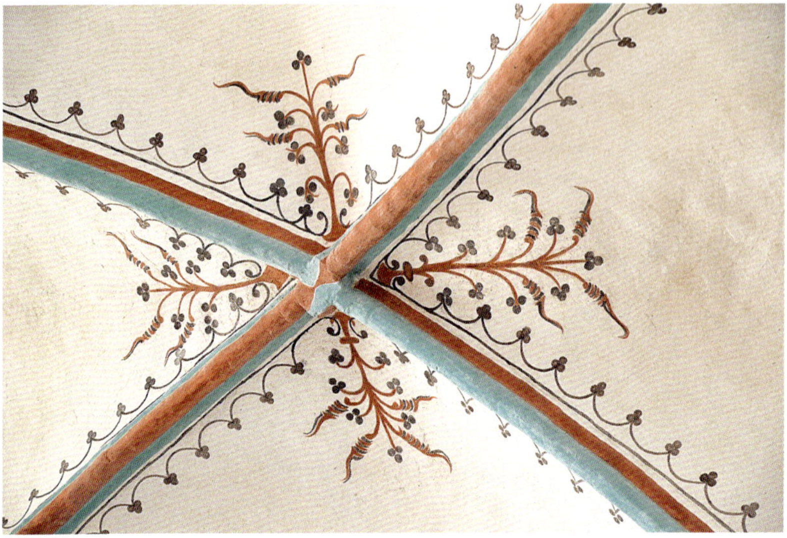

Abb. 95 Malereien an der Decke im Chorraum

1727–1768	August Christian Brunst, Präpositus
1760–1807	Philipp Jacob Balthasar, Pfarrer und Präpositus
1745–1755	Joachim Andreas Ketzenberg, Diakon
1758–1795	Johann Balthasar Braun, Diakon
1791–1844	Carl Friedrich Braun, Diakon
1810–1838	Christian Friedrich Kirchner, Pfarrer und Präpositus
1838–1846	Gottlieb Eduard Picht, Präpositus
1846–1878	Karl Wilhelm Johannes Bindemann, Superintendent
1838–1884	Gustav Ferdinand Schmidt, Rektor und Diakon
1879–1899	Wilhelm Friedrich Julius Knust, Pfarrer und Superintendent
1885–1889	Paul Ludwig Friedrich Gese, Diakon
1889–1908	Gottlieb Mielke, Diakon und Superintendent
1908–1924	Otto Hugo Ludwig Schlapp, Pfarrer und Superintendent

1900–1908	Max Louis Wilhelm Westphal, Diakon
1908	Otto Friedrich Wilhelm Krüger, Pfarrer
1911–1956	Martin Fischer, Pfarrer
1921	Karl Johann Wilhelm Dassow, Lehrer und Organist
1926–1934	Bruno Paul Nathanael Krause, Superintendent
1939–1954	Ernst Ferdinand Seils, Superintendent, später Pfarrer
1954–1959	Emil Otto Franz Priewe, Pfarrer und Superintendent
1957–1970	Jürgen Gustav Hans Karl Leberecht Schmidt, Pfarrer
1960–1964	Friedrich Winter, Superintendent
1964–1973	Siegfried Plath, Superintendent
1965–1974	Margarete Dieckhoff, Pfarrerin
1973–1995	Siegfried Bohl, Superintendent
1974–1981	Bernd-Dietrich Krummacher, Pfarrer und Bereichskatechet
1974–1980	Albrecht Hoffmann, Pfarrer
1981–1983	Götz-Ulrich Koblenz, Pfarrer
1981–1983	Katharina Coblenz, Pfarrerin
1983–1995	Heinz Wenzel, Pfarrer
1995–1997	Burghard Rübcke-von Veltheim, Pfarrer
1995–2010	Hiltraut Freudenberg, Pfarrerin
2002–2008	Kai Steffen Völker, Pfarrer
2011-2024	Wolfgang Schmidt, Pfarrer, seit 2012 Pastor[34]

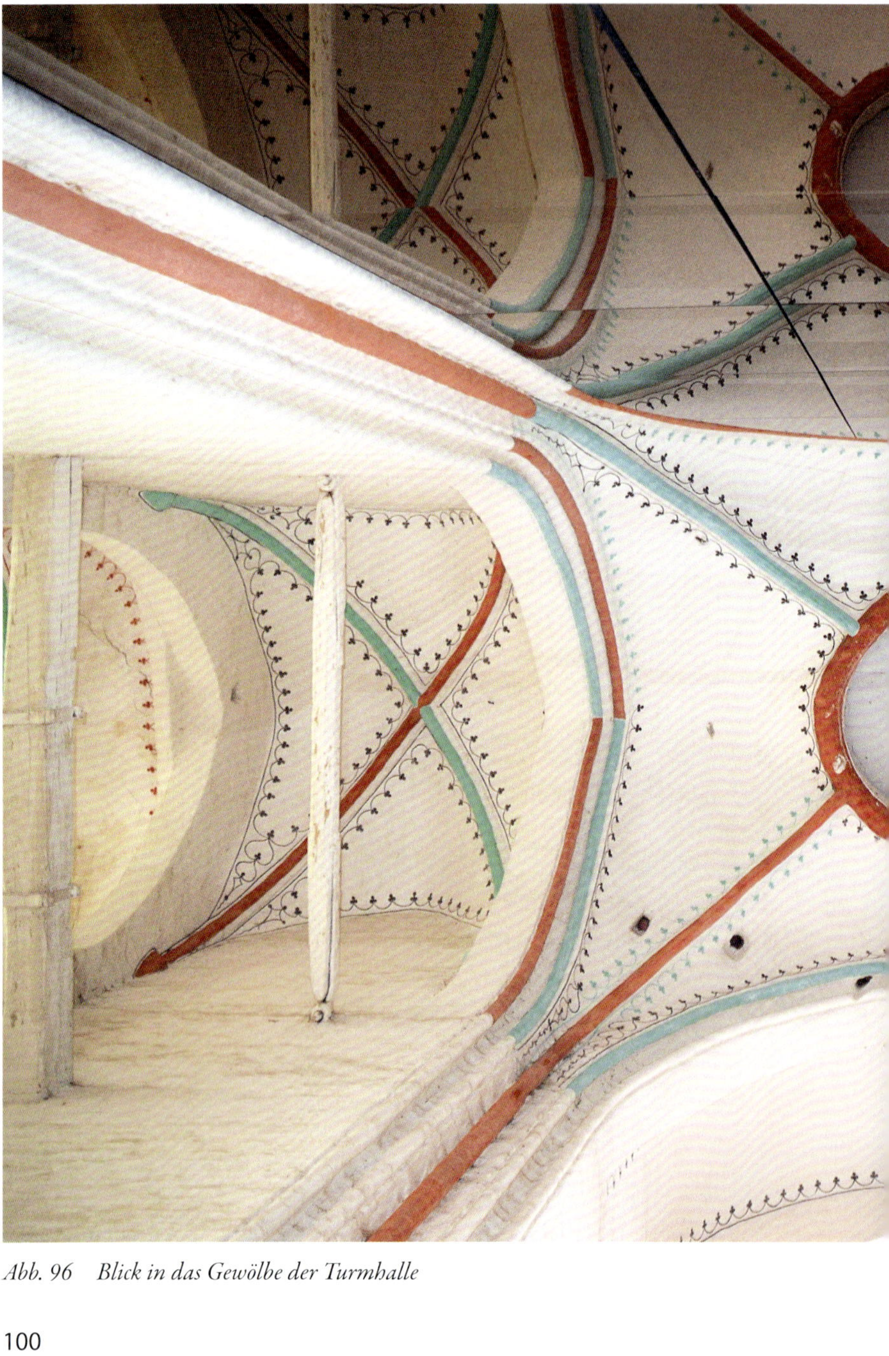

Abb. 96 Blick in das Gewölbe der Turmhalle

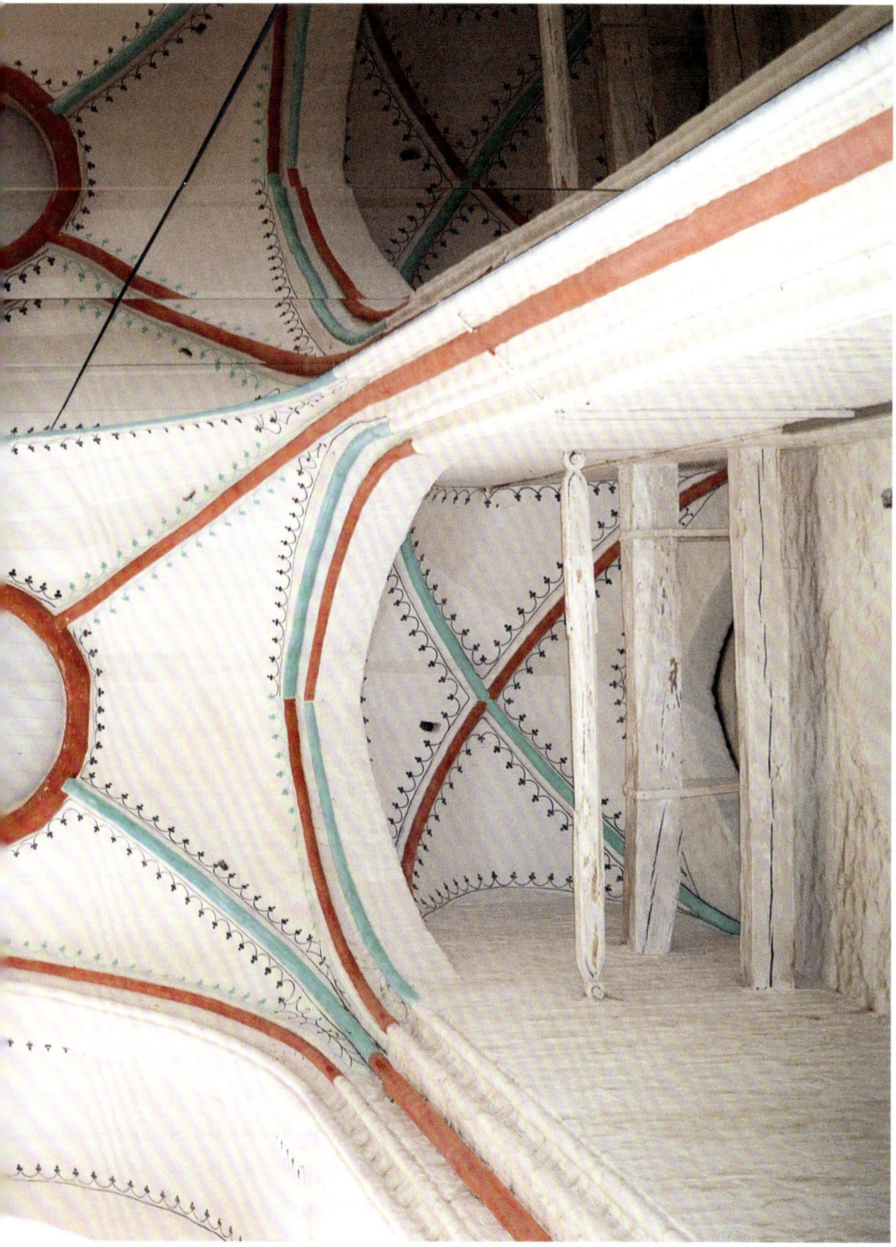

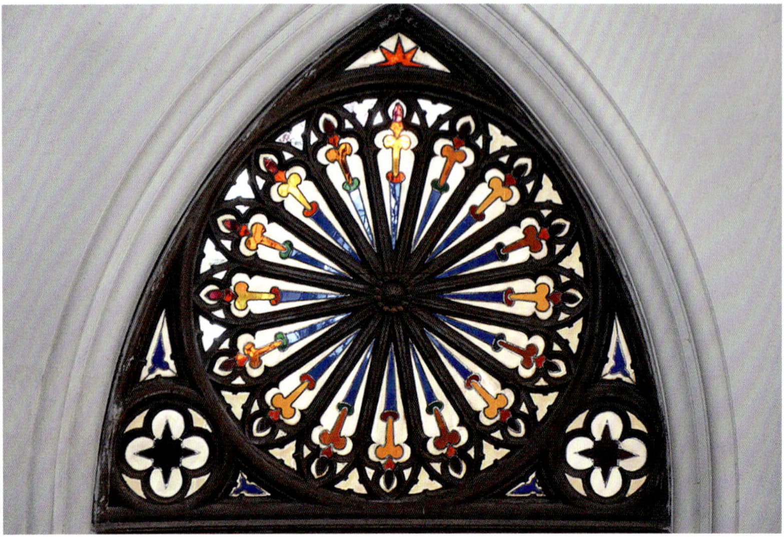

Abb. 97 Neogotische Fensterrosette einer Tür

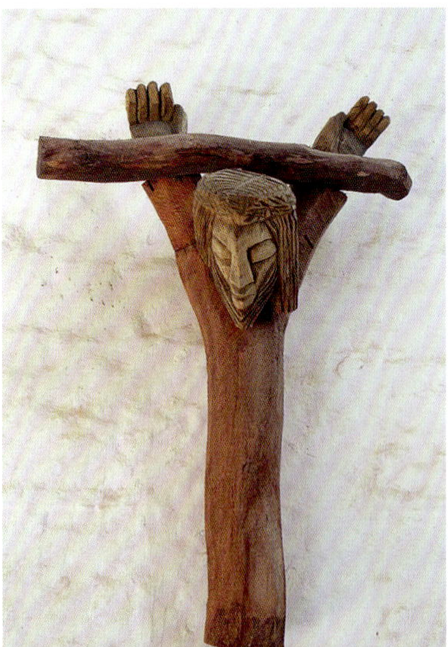

Abb. 98 Plastik Gekreuzigter Christus von Krzysztof Okon

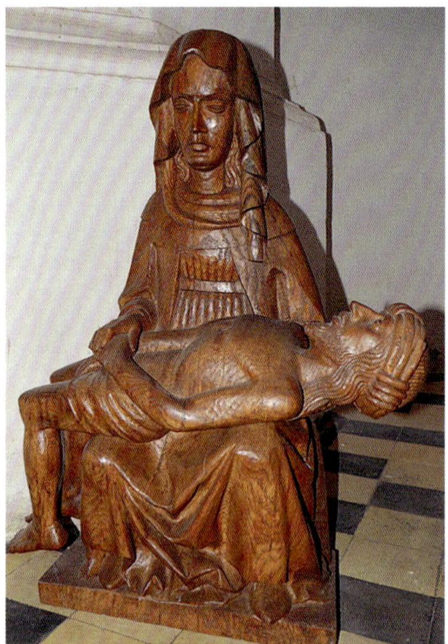

Abb. 99 Pietà aus dem 21. Jahrhundert

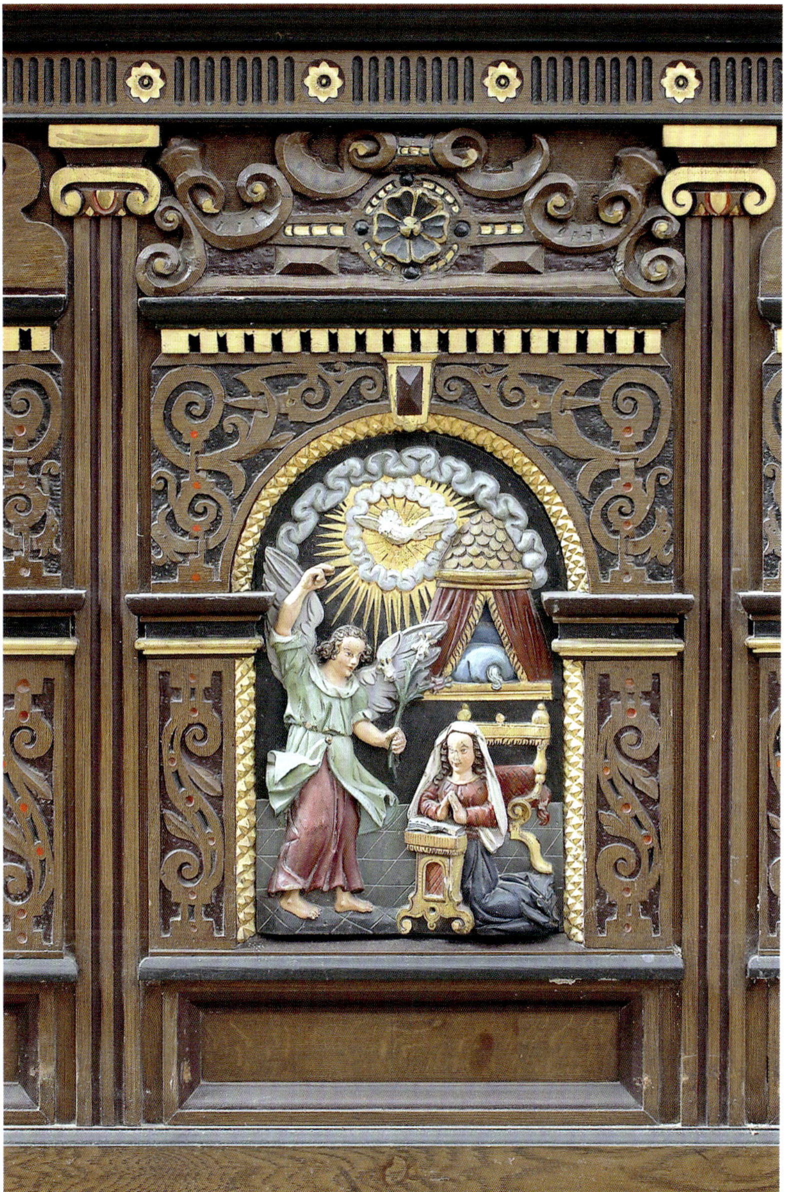

Abb. 100 Bildtafel mit Maria und einem Engel aus einer Gestühlsrückwand, 1622

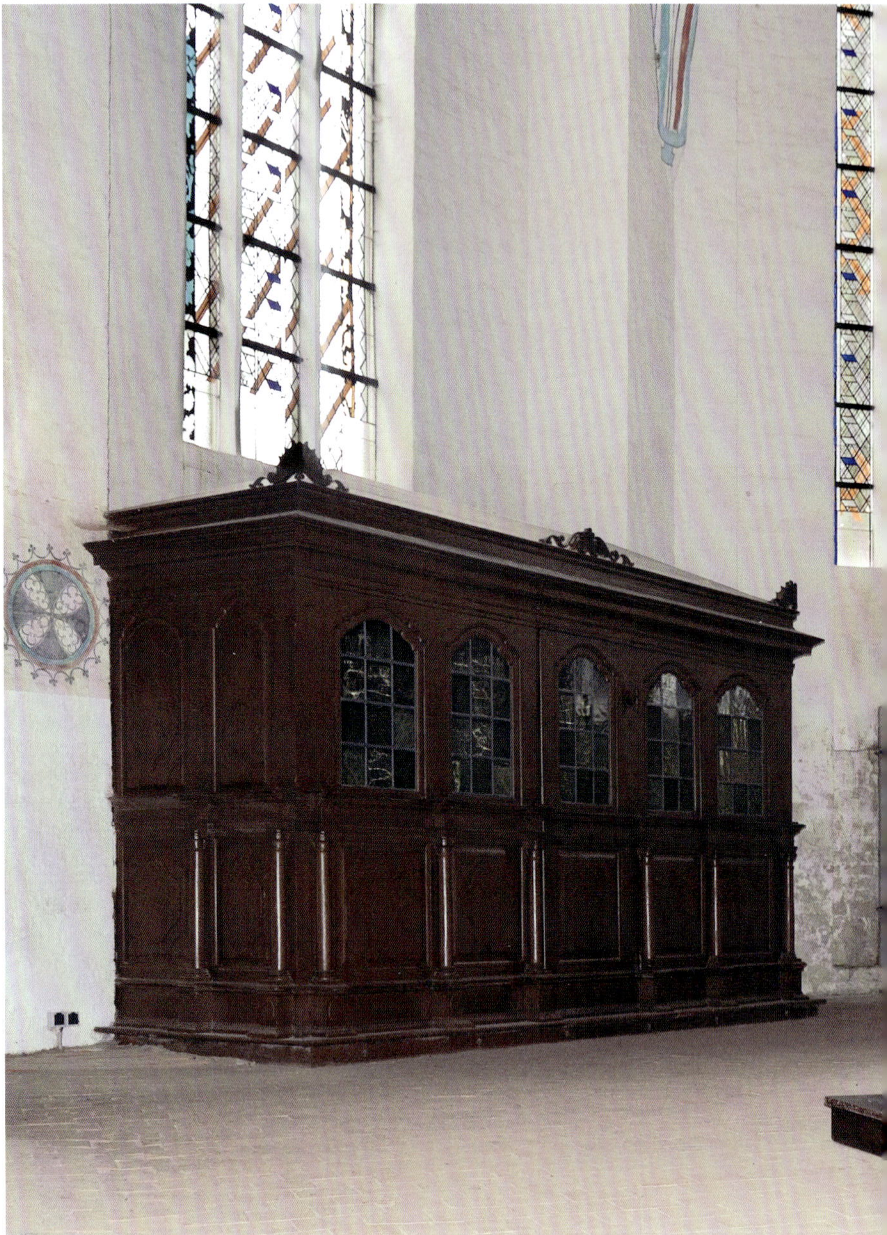

Abb. 101 Chorumgang mit Beichtstuhl und neogotischem Zwischenaltar

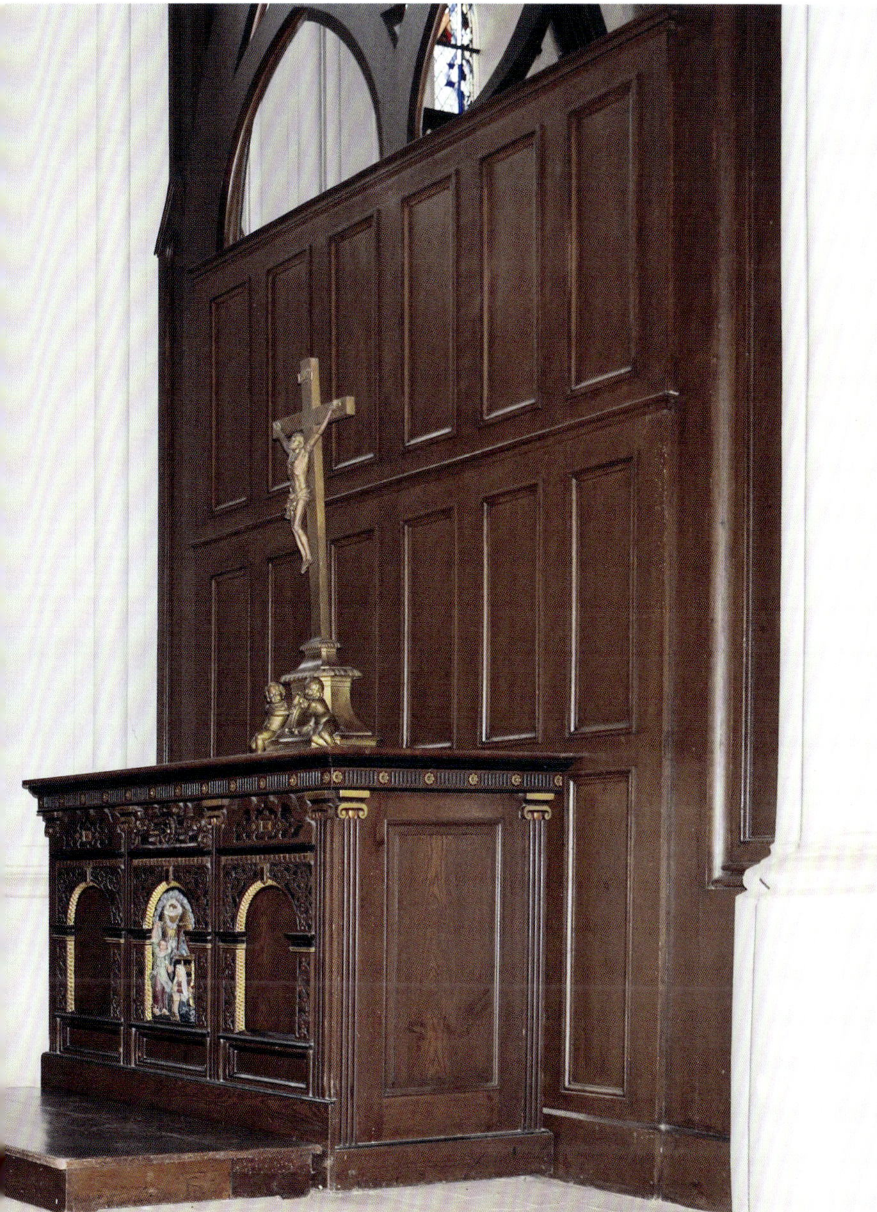

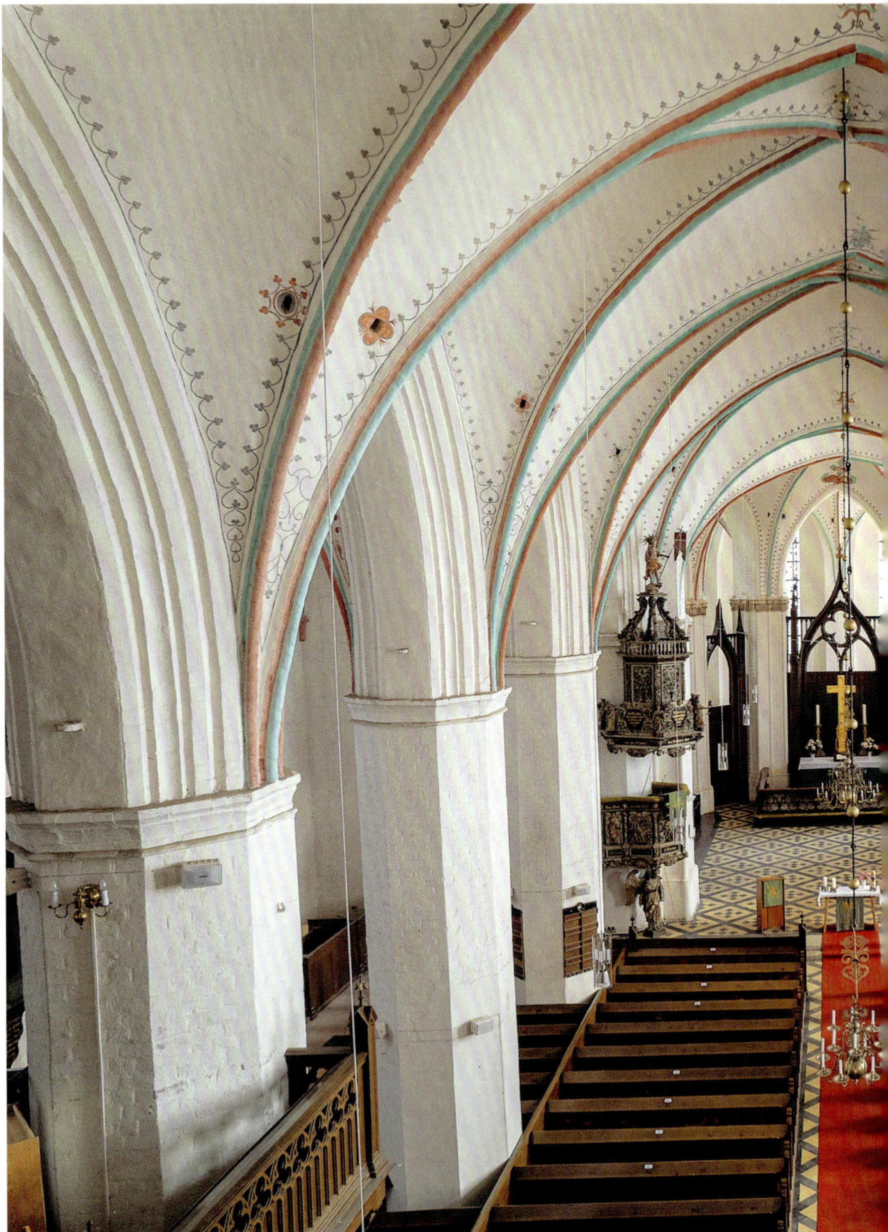

Abb. 102 Blick von der Orgelempore durch das Kirchenschiff und den Chor

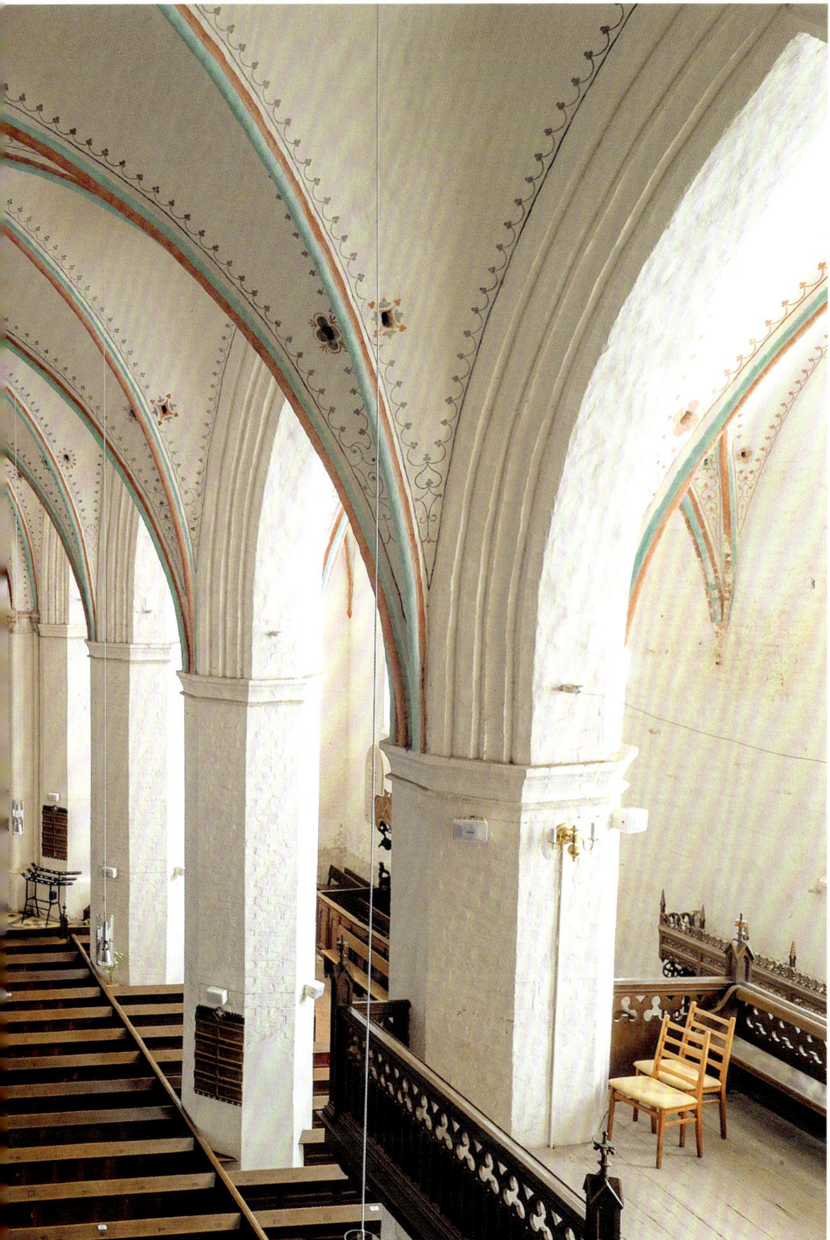

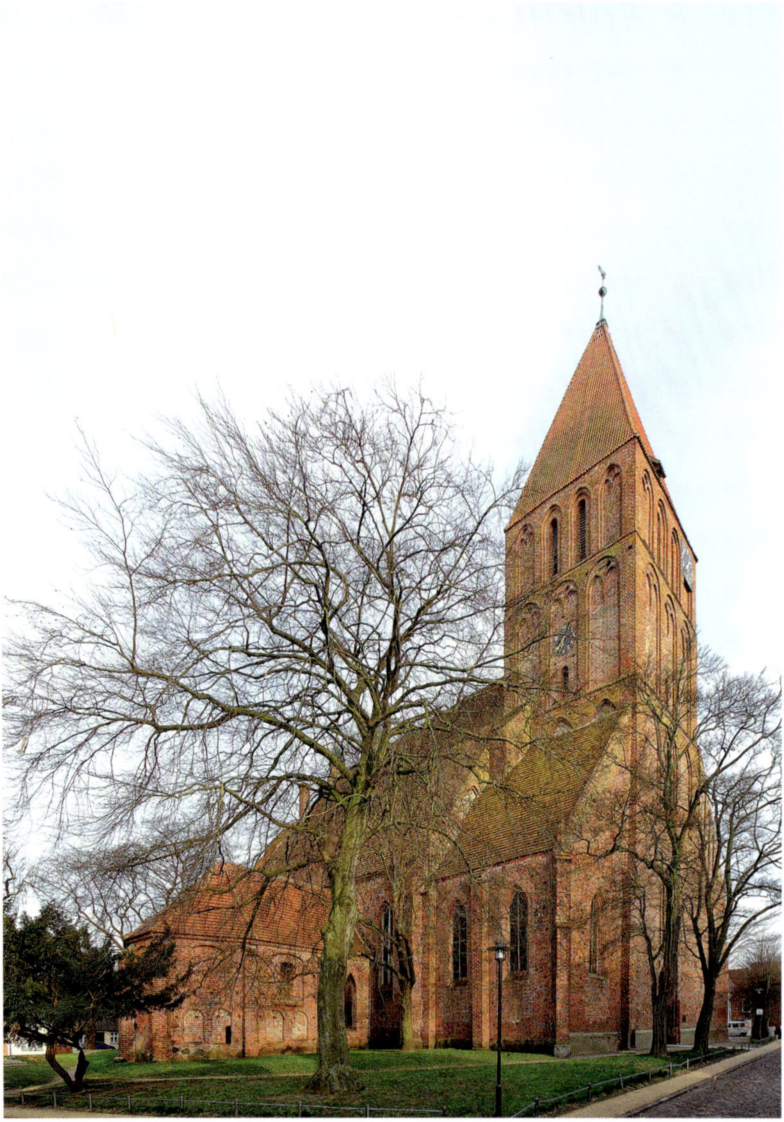

Abb. 103 Marienkirche mit Mauritiuskapelle und Turm, Außenansicht

ANMERKUNGEN

1 Siehe Kurt Noske, »Ein Streifzug durch die Geschichte Grimmens« 2011, Seite 10.

2 Siehe Norbert Buske, »Ein mittelalterliches Kirchspiel im Grenzgebiet zum pommerschen Bistum Cammin« erschienen in der Publikation »Die Marienkirche Grimmen und ihre Gemeinde«, Seiten 21–33.

3 Siehe Ralf-Gunnar Werlich, »Siegel und Wappen der Stadt Grimmen«, erschienen in der Publikation »Die Marienkirche Grimmen und ihre Gemeinde«, Seiten 241–262.

4 Siehe Haik Thomas Porada und Dirk Schleinert, »Geldgeschäfte des großen Kalands zu Grimmen nach zwei Stockholmer Urkunden und spätmittelalterliche Frömmigkeit im Spiegel der Grimmer Altarstiftungen«, in: »Die Marienkirche Grimmen und ihre Gemeinde«, Seiten 183–204.

5 Ernst von Hasselberg erwähnt weitere mittelalterliche Kapellen, die es in Grimmen gegeben hat, wie St. Andreas, St. Georg und St. Spiritus, in »Die Baudenkmäler des Regierungsbezirkes Stralsund«, Seite 208.

6 Siehe Ernst von Hasselberg, »Die Baudenkmäler des Regierungsbezirkes Stralsund«, 1. Auflage 2024, Seite 210.

7 Siehe Beitrag von Dirk Schleinert, Heiner Lück, Boris Dunsch und Haik Thomas Porada, »einer für alle, vndt alle für einen«. Die Beziehungen des Albrecht Wakenitz (1558–1636) zu Kirche und Rat in Grimmen«, erschienen in der Publikation »Kirchliches Leben zwischen Trebel und Strelasund«, Seiten 429–454.

8 Kurt Noske in »Grimmen ein Stadtrundgang« 1987, Seite 68.

9 Siehe Beitrag von Thomas Kuzio, »Die neuen Glasmalereien von St. Marien in Grimmen« in der Publikation »Kirchliches Leben zwischen Trebel und Strelasund«, Seiten 209–214.

10 Siehe Beitrag von Jürgen Herold, »Die Inschriften der Grimmer Marienkirche bis zum Ende des 19. Jahrhunderts«, erschienen in der Publikation »Die Marienkirche und ihre Gemeinde«, Seiten 113–178.

11 Siehe Jürgen Herold, Die Inschriften der Grimmer Marienkirche bis zum Ende des 19. Jahrhunderts, erschienen in der Publikation »Die Marienkirche Grimmen und ihre Gemeinde«, Seiten 148–149 und 171–173.

12 Adolph Friedrich Bernhard Mohnike: Chronik der Stadt Grimmen, 1820, Seite 26.

13 Ernst von Hasselberg in »Die Baudenkmäler des Regierungsbezirkes Stralsund, Auflage 2024, Seite 210.

14 Inschrift im Gebälk der Glockenstube und an einem Ankerbalken im Dachraum der Marienkirche Grimmen, wo geschrieben steht: Orgel, erbaut 1597.

15 Siehe Ina Altripp, »Zur Geschichte der Orgeln in Grimmen und Stoltenhagen«, erschienen in der Publikation »Die Marienkirche und ihre Gemeinde«, Seiten 87–102.

16 Die Disposition der Voigt-Orgel ist wie folgt: Hauptwerk (I. Manual): Prinzipal 8', Rohrflöte 8', Oktave 4', Gemshorn 2, Mixtur 4–5 f. (Vorabzug 2'), Trompete 16'; Schwellwerk (II. Manual): Bordun 16', Spillpfeife 8', Prinzipal 4', Waldflöte 2', Fourniture 5 f (2 '), Coranglais, Tremulant; Brustpositiv (III. Manual): Metall gedackt 8, Blockflöte 4', Prinzipal 2', Sesquialter 2 f, Zimbel 3 f'', Krummhorn 8', Tremulant ; Pedal: Prinzipalbaß 16', Subbaß 16', Gemshorn 8', Rauschpfeife 4 f (Vorabzug 4'), Posaune 16', Trompete 8.

17 Siehe Jürgen Herold, Die Inschriften der Grimmer Marienkirche bis zum Ende des 19. Jahrhunderts, erschienen in der Publikation »Die Marienkirche Grimmen und ihre Gemeinde«, Seite 130.

18 Beschreibung von Jürgen Herold in seinem Aufsatz: »Die Innschriften der Grimmer Marienkirche bis zum Ende des 19. Jahrhunderts«, erschienen in der Publikation »Die Marienkirche und ihre Gemeinde«, Seite 149.

19 Siehe Birgit Dahlenburg, »Erinnerungsmonumente von evangelischen Geistlichen in der Marienkirche zu Grimmen«, erschienen in der Publikation »Die Marienkirche Grimmen und ihre Gemeinde«, Seiten 103–112.

20 Siehe Pfarrarchiv: Johann Balthasar Braun, Einige Notizen zur Marienkirche Grimmen, 1822.

21 Die Briefe und Aktennotizen befinden sich in den Archivbeständen der Greifswalder Universität.

22 Siehe Beitrag von Nils Jörn, »Magister August Christian Brunst – ein streitbarer Präpositus an der Grimmer Kirche«, erschienen in der Publikation »Die Marienkirche Grimmen und ihre Gemeinde«, Seiten 209–216.

23 Die Identifizierung der Inschriften auf den Grabplatten haben wir Jürgen Herold aus Greifswald zu verdanken, der diese 2015 zusammen mit einem Team untersucht hat.

24 Eine ausführliche Würdigung seiner Person ist zu finden in einem Aufsatz von Dirk Schleinert, Heiner Lück, Boris Dunsch und Haik Thomas Porada, »Einer für alle und alle für einen«, erschienen in der Publikation »Kirchliches Leben zwischen Trebel und Strelasund«, Seiten 429–455.

25 Siehe Norbert Buske, »Zur erhalten gebliebenen Ausstattung der Stadtpfarrkirche«, erschienen in der Publikation »Die Marienkirche und ihre Gemeinde«, Seiten 39–44.

26 Edward Szatkowski machte seinen Abschluss am Künstlerischen Handwerk in Jelenia Góra. Seit 1976-1979 nimmt er am künstlerischen Open-Air teil. Die meisten seiner Werke sind sakrale Skulpturen, die u.a. in Białogard, Darłowo, Czaplinek, Koszalin, Stettin und in den Kirchen vieler anderer Orte zu sehen sind. Dazu gehören einzelne Figuren von Heiligen, Kreuzungen und Altären. Auf Anfrage hat er für die Gemeinde Czaplinek eine Vier-Meter-Skulptur geschaffen – eine Figur eines Fischers, der seitdem den Czaplinek-Markt schmückt.

27 Thomas Kuzio, geboren 1959, ist Maler, Grafiker und Glaskünstler und hat von 2012–2024 alle dreiundzwanzig neu gestalteten Fenster in der Grimmer Marienkirche künstlerisch entworfen. Auch für die letzten vier in der Turmhalle liegen die Entwürfe bereits vor.

28 Siehe Helmut Heyden, »Die Evangelischen Geistlichen des ehemaligen Regierungsbezirkes Stralsund – Kirchenkreise Barth, Franzburg und Grimmen«, Seiten 213–228.

29 Diese Auflistung der Geistlichen haben Sven Thurow und Haik Porada erstellt und ist zu finden in: »Übersichten zu den Geistlichen der Kirchspiele Grimmen und Stoltenhagen«, Seiten 363–368 in der Publikation »Kirchliches Leben zwischen Trebel und Strelasund«.

30 Pleban war bis zur Reformation die Dienstbezeichnung für einen Pfarrer.

31 Die Vielzahl an Geistlichen, die um 1530 zeitgleich in Grimmen aufgeführt werden, zeigt, dass diese an verschiedenen Altären in der Marienkirche (und den Kapellen) ihren Dienst taten.

32 Ein Präpositus ist der leitende Geistliche einer Synode bzw. eines Kirchenkreises.

33 Ein Diakon war der zweite Geistliche in einer Gemeinde mit Predigtauftrag.

34 Mit der Gründung der Nordkirche im Jahr 2012 wurde die Amtsbezeichnung »Pastor« auch für die Geistlichen der einstigen Pommerschen Kirche eingeführt.

BILDNACHWEIS

Carsten Büttner: 54,
Thomas Helms: 24–25, 39, 41, 46, 103
Jürgen Herold: 8, 16–17, 28, 52,
Georg von Knorre: 34
Karsten Kraehmer: 68, 73, 102, Frontipiz
Thomas Kuzio: 64, 71, 76, 78
Haik Porada: 3
Wolfgang Schmidt: 1, 6–7, 9–15, 19–23, 26–27, 29–33, 35–38, 40, 42–45, 47–51, 53, 55–59, 65–67, 69–70, 72, 74–75, 77, 79–101, Umschlag
Archiv des Pommerschen Landesmuseums: 5
Pfarrarchiv Grimmen: 2, 18, 60–63